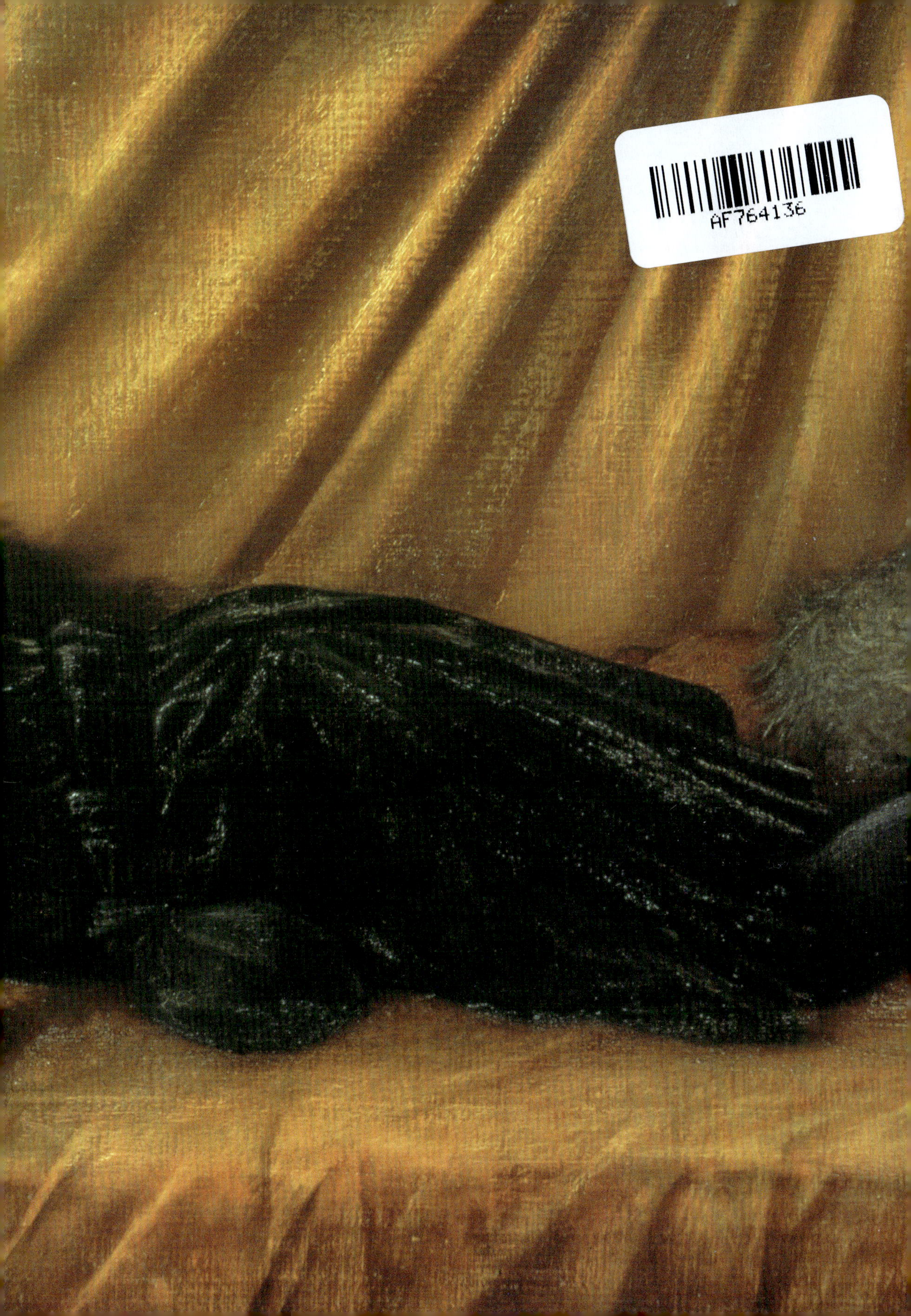

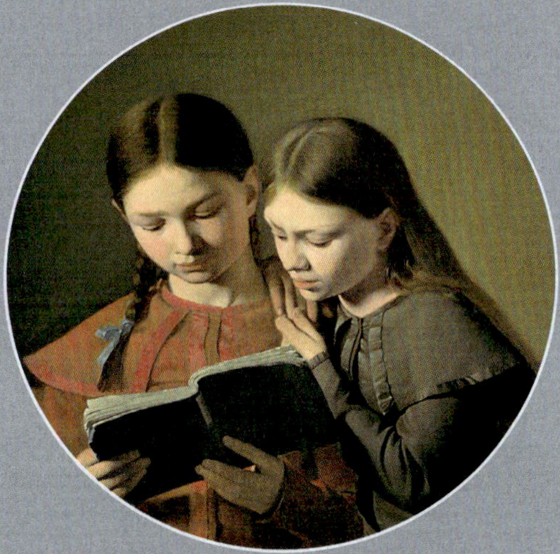

Sonderausgabe zum 20-jährigen Jubiläum des Elisabeth Sandmann Verlags 2024

Umschlag, Innenseiten und Satz: Schimmelpenninck.Gestaltung, Berlin
Redaktion: Eva Römer
Herstellung und Lithografie: Jan Russok, RR Creative Service
Druck: Bittner print s.r.o., Bratislava

MIX
Papier | Fördert gute Waldnutzung
FSC® C130248
FSC www.fsc.org

ISBN 978-3-949582-27-1

Besuchen Sie uns im Internet unter www.esverlag.de

STEFAN BOLLMANN

SIE HABEN DAS LESEN GELIEBT

Frauen, die lesen, sind gefährlich

Mit einem Vorwort von
ELKE HEIDENREICH

ELISABETH SANDMANN

Inhalt

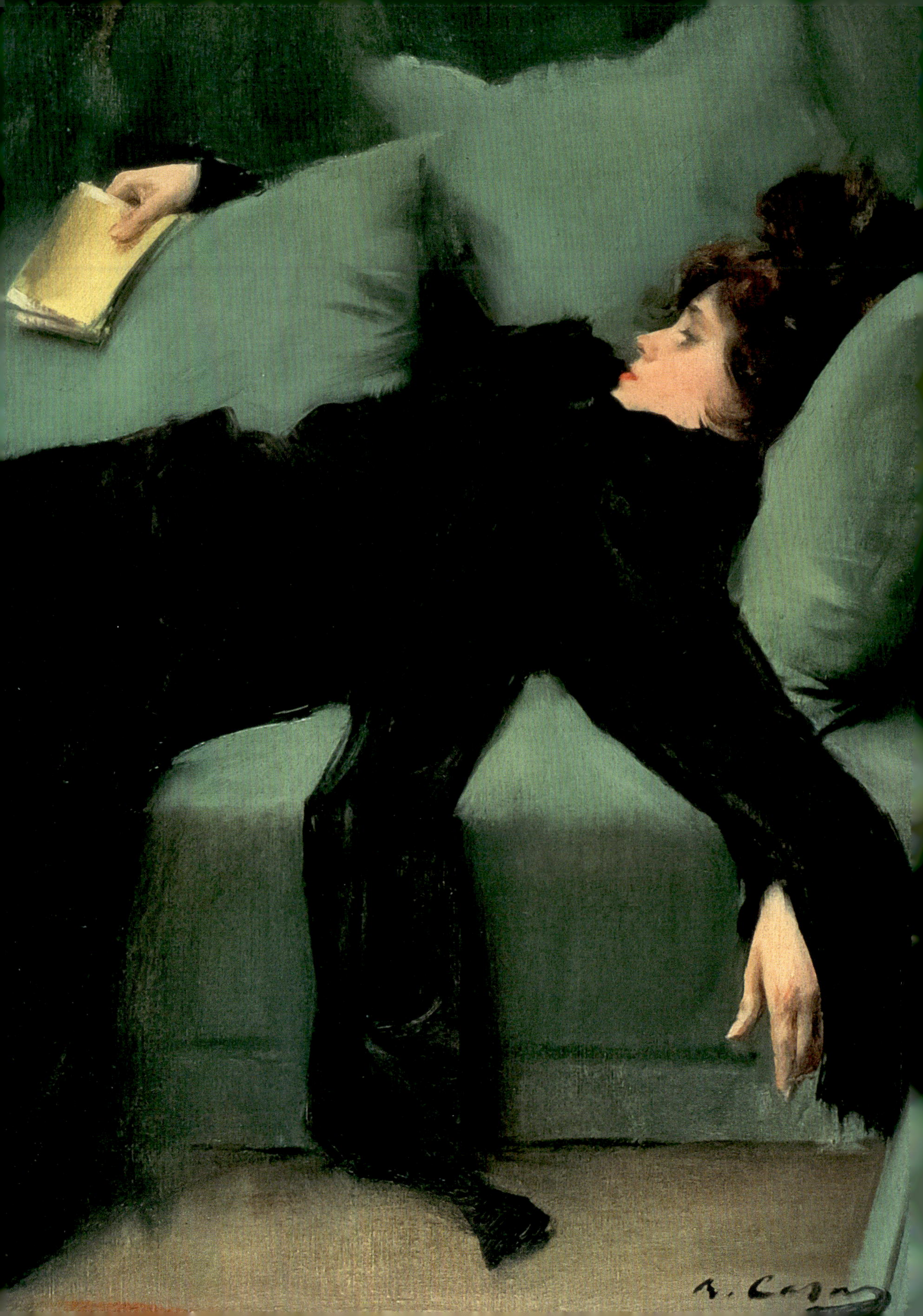

»Lesen ist immer gefährlich, weil es klüger macht. Männer haben mit klugen Frauen oft Probleme. Das darf uns nicht abschrecken! Und: wir sind viele. Das zeigt diese Bildersammlung ...«

Elke Heidenreich

»Wir lesenden Frauen sollten einen Augenblick innehalten, das Buch, das wir gerade lesen, beiseite legen und um uns schauen. Wir genießen heute einen seltenen Triumph. Eine Anthologie wie die vorliegende ermutigt zu einem Blick in die Ferne und erinnert uns daran, dass ein solcher Triumph eine lange Zeit gebraucht hat und schwer errungen ist.«*

Joy Karen Fowler

Mit dem 2005 erstmals erschienenen Buch »Frauen, die lesen, sind gefährlich« fand der ein Jahr zuvor von mir gegründete Verlag seine eigentliche Bestimmung und zwar inhaltlich wie in seiner gestalterischen Form. Die Lesegeschichte von Frauen anhand von Gemälden und auch Fotografien zu rekonstruieren, lag bei der Fülle an Motiven lesender Frauen auf der Hand oder zumindest in der Luft, aber dennoch hatte sie noch niemand in dieser Weise geschrieben wie Stefan Bollmann.

Ihm ist eine sehr besondere Kunstgeschichte und gleichzeitig Kulturgeschichte weiblichen Leseverhaltens gelungen, die von der Befreiung der Frauen durch Bücher erzählt und dies, obgleich die meisten Bilder, die er ausgewählt hatte, von männlichen Malern gemalt wurden. Frauen, die lesen, wurden gefährlich, als sie mehr und anderes lesen wollten als religiöse Erbauungsliteratur. Die Literatur veränderte ihr Denken und das macht sie bis heute so gefährlich, dass Mädchen und Frauen in vielen Ländern noch immer oder wieder, so in Afghanistan, daran gehindert werden zu lesen. Lesen schafft Unabhängigkeit, und Bildung schafft Wohlstand. Lesen ist ein Menschenrecht. Frauen, die lesen, sind also eine globale gesellschaftliche Notwendigkeit. Dem würde Elke Heidenreich zustimmen, die das zeitlose Vorwort und grandiose Essay geschrieben hat. Sie stellt darin die Frage, ob sich Männer und Frauen besser verstünden, wenn Männer die Bücher bestimmter Schriftstellerinnen kennen und so viel lesen würden wie Frauen. Auf diese philosophische Frage gibt es leider keine Antwort.

Das Buch »Frauen, die lesen, sind gefährlich« von Stefan Bollmann wurde ein großer internationaler Erfolg, und es war der Beginn einer fein gestalteten Buchreihe, in der von den Leistungen der Frauen erzählt wurde, die wir alle zu

Unrecht vergessen hatten. Es erschien in vielen Ländern, und bekannte Autorinnen wie Laure Adler in Frankreich, Kristien Hemmerechts in Belgien und in den Niederlanden, Silvia Avallone in Italien, Esther Tusquets in Spanien oder Joy Karen Fowler in England schrieben ein Vorwort für die jeweilige Sprachfassung. Es entstanden Debatten darüber, warum über Jahrhunderte Männer kontrollieren wollten (und häufig noch immer wollen), was Mädchen und Frauen lasen und was Frauen so gefährlich machte, als sie den Zugang zum Alphabet fanden. Aber in allen Texten, die in diesem Zusammenhang geschrieben wurden, dominiert die Freude über das Erreichte, was auch das Eingangszitat von Joy Karen Foyler zeigt. Frauen ist es gelungen, sich ein Universum zu erobern, aus dem sie sich nie mehr vertreiben lassen werden, ja, das sie schreibend mitgestaltet haben.

Bald war im Verlag der Slogan »Schöne Bücher für kluge Frauen« geboren, und er setzte sich in Buchhandlungen und bei unseren Leserinnen durch. Ein paar Jahre nach der Gründung des Verlags fragten mich die Vertreter, es waren hauptsächlich Männer, ob ich mich nicht anderen Themen zuwenden wolle, man könne ja nicht nur »Frauenbücher« verlegen wollen. Was genau sind eigentlich »Frauenbücher«, fragte ich mich. Sind das Bücher für Frauen und über Frauen? Ja, genau die wollte ich weiter machen, und davon wollte ich mich auch von niemandem abbringen lassen.

Bis heute verstehen wir das Entwickeln von Buchthemen als einen kulturellen, historischen, gesellschaftlichen Erinnerungsauftrag. Mittlerweile verlegen wir auch Bücher über Kriegsreporterinnen, Frauen aus dem Iran, Afghanistan, der Ukraine. Wir lassen diese Zeitzeuginnen selbst zu Wort kommen, wir geben ihnen eine Bühne. Der Verlag ist politischer geworden, und das, was uns dabei antreibt, sind die unsere Welt verändernden Frauen. Wir wollen, dass sich Frauen ihre Freiheiten, Rechte und Errungenschaften von niemandem mehr nehmen lassen. Wir wollen, dass Frauen lesen, denken, sagen und schreiben können, was sie wollen.

Dr. Elisabeth Sandmann

*Aus dem Vorwort der englischsprachigen Ausgabe »Reading Women«, erschienen 2006; Übersetzung: Reinhard Tiffert.

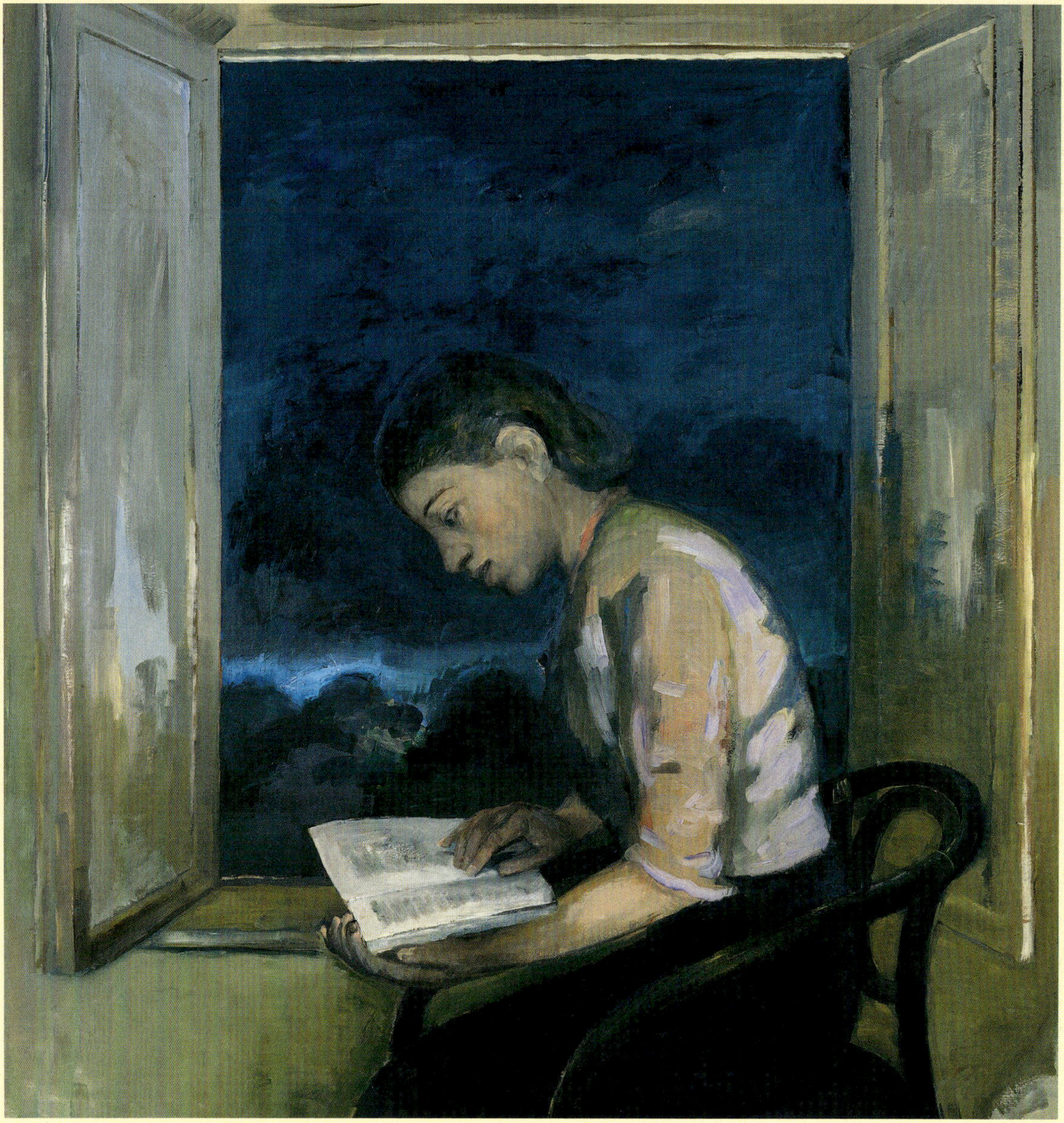

Harald Metzkes, geb. 1929

Lesende am Fenster, 2001
Privatbesitz

Elke Heidenreich

Über das Gefährliche, wenn Frauen zu viel lesen

Kleine Fliegen!

Die Frauen waren in der Geschichte die Leserinnen, die kleinen Fliegen, die ins Netz des geschriebenen Wortes gingen, sie waren das Publikum«, schreibt Dubravka Ugrešić in ihrem Buch »Lesen verboten«.

Waren? Wir sind es! Wir gehen immer noch ins Netz der Geschichten, begeistert, wachen Verstandes, hungrig nach der Leidenschaft der Wörter. Neben uns die langweiligen Männer, die wir anstoßen müssen und denen wir sagen müssen: »Nun lies das doch auch mal!« Wir verlieben uns nur noch, wenn uns einer schöne Briefe schreibt, gerade die Liebe lebt aus Wörtern, lässt sich herbeischreiben, groß schreiben, die Liebe, die Angst, das Alter, der Tod – im Netz der Sprache finden wir, was wir brauchen, und lassen uns nur zu gern einfangen. Auf den Scheiterhaufen der Inquisition brannten vorwiegend Frauen und Bücher. Der Anteil geopferter Männer ist daneben eher gering. Aber Frauen, die lesen und schreiben konnten, die etwas wussten, und Bücher, in denen dieses Wissen stand, die waren gefährlich. Weg damit! Männer verachten oft das geschriebene Wort – Staatsmänner, Diktatoren, Herrscher, Polizisten, Beamte. Frauen wickeln vielleicht mal ein Bund Suppengrün oder einen Fisch in eine Zeitungsseite mit Gedichten, aber was ist das, fragt Dubravka Ugrešić, »im Vergleich mit der Bücherverbrennung unter dem chinesischen Kaiser Shihuangdi«?

Wer kennt schon den chinesischen Kaiser Shihuangdi? Aber eine lesende Frau kann ja alles nachschlagen, und da lernt sie: »Shih Huang Ti, 260–210 vor Christus, erzwang den ersten chinesischen Einheitsstaat.« Und sofort sieht man die Bücher- (und Frauen-?)Verbrennung vor sich, denn wenn Einheitsstaaten etwas nicht leiden können, dann sind dies lesende Bürger. Wer liest, denkt nach, wer nachdenkt, bildet sich eine Meinung, wer eine Meinung hat, weicht ab, wer abweicht, ist ein Gegner. So einfach lässt sich das erklären.

»Sehen Sie nun, warum Bücher gehasst und gefürchtet werden? Sie zeigen das Gesicht des Lebens mit all seinen Poren. Der Spießbürger aber will Wachsgesichter ohne Poren, ohne Haare, ohne Ausdruck.«

Das ist ein Zitat aus Ray Bradburys 1953 erschienenem Science-Fiction-Roman »Fahrenheit 451«, von François Truffaut verfilmt. Der Roman schildert eine Welt, in der die Feuerwehr Brände nicht mehr löscht, sondern legt, und zwar Bücherbrände. Wer Bücher besitzt oder liest, ist Staatsfeind Nummer eins und wird unter Umständen ohne lang zu fackeln (!) mit verbrannt. Feuerwehrhauptmann Beatty erklärt seinem Untergebenen Montag, den Bücher heimlich faszinieren: »Ein Buch im Haus nebenan ist wie ein geladenes Gewehr. Vernichte es. Entlade die Waffe. Brich den menschlichen Geist.«

Der Gedanke an Ossip Mandelstam liegt nahe – den Mann konnten sie vernichten, seine Gedichte konnten sie verbrennen, aber Nadeshda, Mandelstams Frau, hatte alles auswendig gelernt und schrieb es auf und erhielt es. Für uns. Das ist die Rolle der Frauen in der Literatur, sofern sie nicht selbst Dichterinnen, sondern Leserinnen sind: Sie heben Schätze und bewahren sie für uns auf – außer, die Liebe kommt ihnen dazwischen. Die Liebe, das gebe ich seufzend zu, ist allemal stärker als die Literatur, aber die Liebe in der Literatur ist viel schöner als die Liebe im Leben. Sie lässt uns wenigstens ab und zu die Illusionen.

»Der Einundvierzigste« heißt eine Erzählung des Russen Boris A. Lavrenev, 1924 erschienen, also ein Beispiel für frühe Sowjetliteratur. Marja Bassowa, Rotarmistin und Scharfschützin, zieht durch Turkestan, stößt auf einen weißrussischen Offizier, der ihr 41. Opfer werden soll. Aber sie verfehlt ihn, verhaftet ihn, verliebt sich in ihn, am Ende siegt natürlich (wir sind im Einheitsstaat!) Marjas Klassenbewusstsein, und sie tötet ihn doch. Aber bis dahin passiert etwas Erstaunliches: Er will rauchen und hat kein Zigarettenpapier mehr. Sie hat ein kleines Notizbuch mit eigenen Gedichten, ein Schatz, den sie hütet. Blättchen für Blättchen reißt sie nun heraus, der Offizier rollt seinen Tabak hinein, und die Gedichte gehen in Rauch auf bis zum letzten Vers.

Ist das auch nur einen Augenblick umgekehrt denkbar? Natürlich nicht. Die Geschichte handelt von zweierlei: vom Verhältnis der Frauen zu ihrer eigenen Kreativität und vom Verhältnis der Männer zur weiblichen Kreativität. Wären es seine Gedichte gewesen – noch im Tod hätte er sie auf dem Herzen getragen. Sie hätte ihren Tabak kauen müssen …

Aber so sind wir: Wir teilen, lassen los, ernähren diese Banausen mit dem Kostbarsten, was wir haben. Die Banausen wissen das und hassen uns dafür. Männer fürchten lesende Frauen. Und schauen wir uns das Titelbild dieses Buches an, dann haben sie auch allen Grund dazu. Da sitzt eine sehr energisch aufgeladene Dame. Sie liest gerade nicht mehr, seit einigen wenigen Momenten. Aber in ihrem Kopf sind noch die Wörter, die Sätze, die Ideen, die sie eben gelesen hat, und zwar in drei Bänden der gelben französischen Klassikerausgaben – Voltaire? Vielleicht hat sie den »Candide« gelesen und denkt jetzt darüber nach, was von einer Philosophie zu halten ist, die darin mündet: »Wir müssen unseren Garten bestellen«? So sehr will sie sich noch nicht bescheiden, wer das von ihr verlangt, kann die Spitze ihres weißen Schirmes zu spüren kriegen. Aber sie sieht so aus, als sei sie klug genug, die tiefe Ironie hinter dem Ganzen zu verstehen, als würde ihr gerade aufgehen: »So sehr also nimmt man uns auf den Arm? Garten bestellen? Na, wartet.« Ihr Gesicht verrät noch Nachdenken, ihre Hand zeigt schon Entschlossenheit, die ganze Haltung: auf dem Sprung.

Das genau haben die Männer noch nie gern an den Frauen gesehen: dass sie zu sehr durchblicken. Darum gab es noch im 18. Jahrhundert in die Einbände mancher Romane Faden und Nadel eingelassen, um die Frauen daran zu erinnern, was ihre eigentliche Bestimmung war: nicht lesen, sondern den Haushalt in Ordnung halten. Lesen ist verschwendete Zeit, verschwendetes Geld, und wer weiß, wohin das führt – eigene Ideen, Aufruhr, erotische Phantasien, ja, sonst noch was.

»Als eine Frau lesen lernte, trat die Frauenfrage in die Welt«, sagte Marie von Ebner-Eschenbach. Weil die lesende Frau hinterfragt, und das Hinterfragen zerstört fest gefügte Regeln. Es war Emma Bovarys Unglück, dass sie nie über schwülstige Liebesromane hinauskam, die ihr etwas vorgaukelten, was sie dann in ihrem eigenen Leben so schmerzlich vermisste. Mutter Bovary heizt ihrem Sohn Charles ein, was Emmas Lesesucht betrifft: »Romane schmökert sie, schlechte Bücher, Schriften gegen die Religion, in denen die Geistlichen verhöhnt werden mit Redensarten aus dem Voltaire!« Da haben wir es: schon wieder dieser Voltaire. Hätte Emma mal Voltaire gelesen, aber leider liest sie nur dummes Liebeszeug und muss sich am Ende, als alles verloren ist, vergiften – wie die Heldinnen ihrer Romane. Wenn der eigene Kopf nicht wenigstens ein klein wenig mitdenkt, wenn der eigene Geschmack sich an den Büchern nicht entwickelt, dann kann Lesen, wie wir sehen, sogar lebensgefährlich werden.

Man hüte sich aber, lesende Frauen durch die Bank mit Emma Bovary zu identifizieren! Wir lesen nicht ohne ästhetische Distanz, wir nehmen Geschriebenes nicht für bare Münze, wir glauben nicht, dass das Leben sein muss wie ein Roman, auch wenn wir für eine Weile durchaus gern wohlig im Roman versinken. Marlene Streeruwitz sagte mal am Ende eines Interviews über ihr Leseverhalten und die fatale Suche nach dem einzig richtigen, dem einzig wunderbaren Mann, zu der sie die Romane irregeleitet haben: »G'sund war's net.«

Man reduziert seit Emma Bovary die Frau ja gern auf die gehobene Unterhaltungsliteratur. Aber ich möchte hier warnend den kleinen Text »Marktanalyse« von Erich Kästner zitieren:

»Der Kunde zur Gemüsefrau: ›Was lesen Sie denn da, meine Liebe? Ein

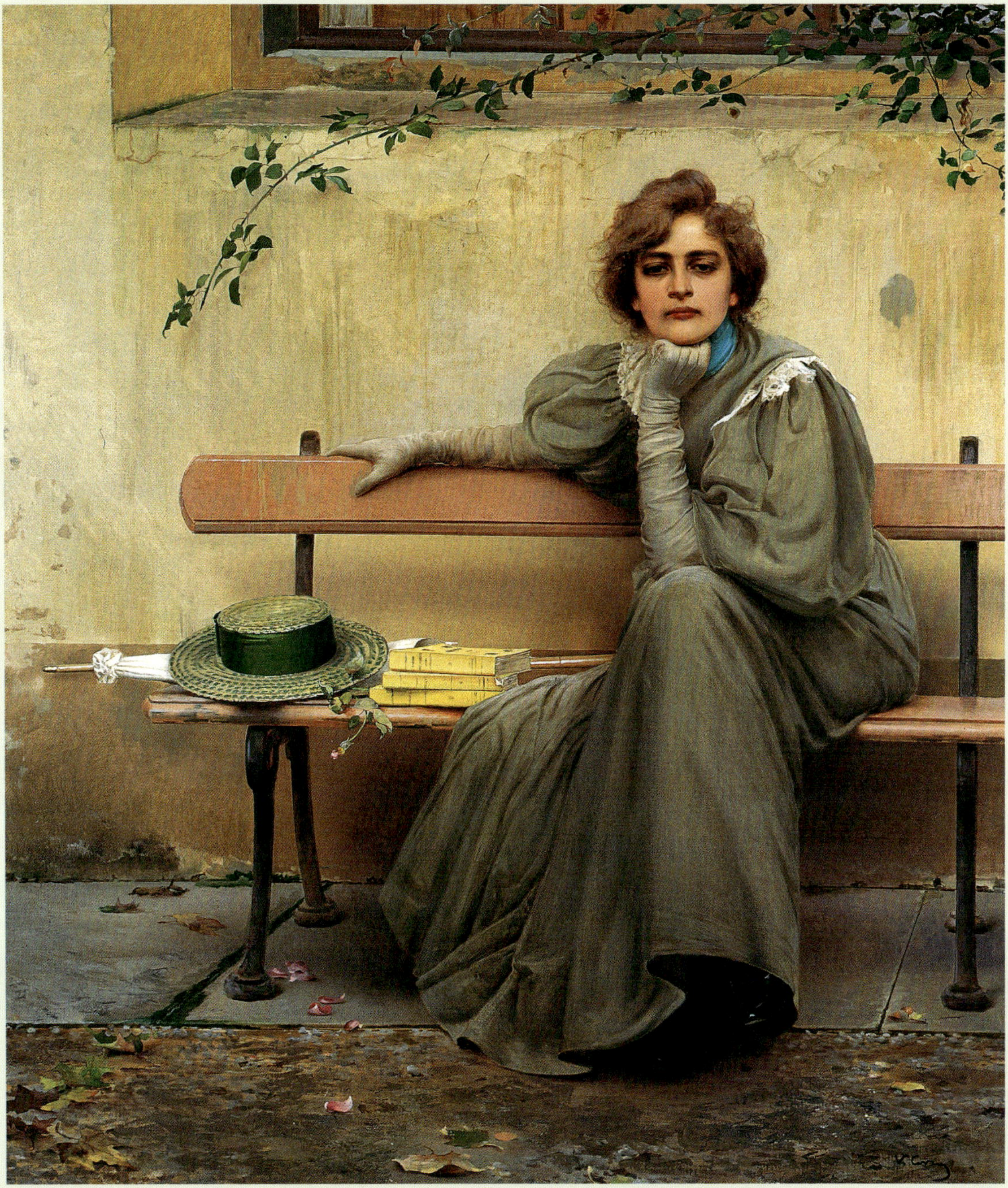

Vittorio Matteo Corcos, 1859–1933
Träume, 1896, Galleria Nazionale d'Arte Moderna, Rom

Buch von Ernst Jünger?‹ Die Gemüsefrau zum Kunden: ›Nein, ein Buch von Gottfried Benn. Jüngers kristallinische Luzidität ist mir etwas zu prätentiös. Benns zerebrale Magie gibt mir mehr.‹«

Man unterschätze lesende Frauen nicht! Sie werden nicht nur klüger, sie genießen nicht nur ein egoistisches Vergnügen, sie können auch sehr gut allein sein. Lesen ist eine der großen Freuden des Alleinseins, allein mit der eigenen Phantasie und der des Autors. Aber es ist wie mit dem lesenden Kind: Zuerst will die Mutter, dass es endlich mit dem Buch still in der Ecke sitzt, dann stellt sie fest, dass das lesende Kind nicht das pflegeleichte, das einfache Kind ist, sondern das aufmüpfige, das sich aus der es umgebenden Welt wegliest, und das sieht diese Welt nicht gern. So ist das mit den lesenden Frauen. Alles ist vergessen: Der Haushalt, der Gatte, wahlweise der Geliebte, nur noch das Buch zählt, die Intimität mit dem, der ihr hier jetzt gerade eine Geschichte erzählt, und der Mann, der ihr gegenübersitzt mit dem Wirtschaftsteil der Zeitung, kann nicht in ihren Kopf schauen und die dümmste aller Fragen stellen: »Was denkst du gerade?« Sie ist gerade ganz woanders, und dahin kann er ihr nicht folgen. Er sieht sie, da im Sessel, am Fenster, auf dem Sofa, im Bett, im Zug, aber sie ist doch nicht da. Ihre Seele ruht, aber nicht bei ihm, der doch dachte, ihr ALLES zu sein. Irrtum, mein Lieber.

»Persönlichkeitsentfaltung und Lektüre bedingen sich gegenseitig«, schreibt die Publizistin Gertrud Lehnert in ihrem Essay »Die Leserin« über das erotische Verhältnis der Frauen zur Literatur. Erotisch? Einige der schönen Leserinnen auf den Bildern in diesem Buch sind nackt. Vor dem Buch gibt es keine Scham, und so kann es direkt durch die Haut ins Herz dringen. Und von da, vielleicht, in den Kopf. In diesem Essay taucht auch der Gedanke auf, ob nicht vielleicht der wirkliche Dichter so androgyn sein muss wie der wirkliche Leser, das heißt: Männlich und weiblich spielen keine Rolle mehr – hier begegnen sich Seelen, und die Schöpferkraft des Lesers erkennt die Schöpferkraft des Autors über alle Geschlechtsgrenzen hinweg. Ein schöner Traum, auch Virginia Woolf träumt ihn in ihrem Text »Ein Zimmer für sich allein«: »Erst wenn diese Fusion stattfindet, ist der Geist ganz fruchtbar gemacht und kann alle seine Fähigkeiten anwenden.« Und so ist ja ihre Romanfigur »Orlando« auch beides, Mann und Frau zugleich.

Würden sich Männer und Frauen besser verstehen, wenn Männer so viel läsen wie Frauen? Wüssten sie mehr von unserem Leben, Denken, Fühlen, wenn sie Sylvia Plath, Virginia Woolf, Carson McCullers, Jane Bowles, Annemarie Schwarzenbach oder Dorothy Parker läsen, so wie wir ja auch Hemingway, Faulkner, Updike, Roth, Flaubert und Balzac lesen? »Frauen lesen anders« heißt eine interessante Betrachtung zu diesem Thema von Ruth Klüger. Sie lesen auch mehr. Und sie sind lesend beides, Mann und Frau, geschlechtslos, sie leiden mit dem Helden, der Heldin, dem Autor, der Autorin, das spielt keine Rolle. Sie sind gefangen vom Buch. Ich kann nur Männer lieben, die lesen, die plötzlich mit diesem Blick hochschauen, von weit her kommend, weich, mit einem Wissen nicht nur über sich, sondern auch über mich. Frauen lieben Männer, die lesen. Männer lieben aber in der Regel keine lesenden Frauen. Und nur ganz selten lesen Männer und Frauen zusammen. Dann landet man aber gleich in der Hölle – wir erinnern uns an Dantes »Göttliche Komödie«: In der Hölle trifft er Francesca, die ihm erzählt, wie sie und ihr Geliebter Paolo miteinander die Liebesgeschichte des Ritters Lancelot lasen (dabei wurden sie überrascht und verdammt), und es heißt: »Mehrmals beim Lesen mussten wir die Augen erheben, es entfärbt' sich unser Antlitz; doch eine Stelle war's, der wir erlagen. Die war es, wo der heiß begehrte Mund von solchem Liebenden geküsset wurde, da küsste dieser hier, der nie von mir getrennt sein wird, erbebend mir den Mund. (…) An jenem Tage lasen wir nicht weiter.«

Das ist eines der eher seltenen Dokumente über das Lesen zu zweit. Der wahre Leser liest allein. Aber Liebende lesen mitunter gern ihre Liebe, so wie jeder sich selbst in jedem Buch liest.

In der wunderbaren kleinen Geschichte »Der unbelesene Bücherfreund« von Max Frisch wird von einem Büchersammler berichtet, der nicht liest. Mit den Büchern sei es wie mit den Küssen, sagt er, »wir müssen sie hüten, damit sie nicht unselten werden, nicht in Gewöhnung ersterben, alles Erlebte verlangt ja viel Haltung, viel Geduld und Verzicht, viel Strenge«. Was für ein berückender Gedanke: dass alles Erlebte Haltung und Strenge verlangt! Alles Erlesene auch, ohne dass wir es damit zu ernst nehmen wollen: Es darf uns durchaus auch unterhalten, aber ernst, still und streng müssen wir zunächst schon bei der Sache sein.

Aus dem Lesen erwächst Selbstvertrauen, aus dem Selbstvertrauen erwächst der Mut zum eigenen Denken. Männer lieben denkende Frauen nicht unbedingt.

»Männer«, schreibt Gottfried Benn in einem Brief, »wollen doch nicht am Gehirn von einer Frau berührt werden, sondern ganz woanders.« Zack. Wir wissen das und lesen trotzdem. Mit zunehmendem Alter werden die Bücher mitunter sogar wichtiger als die Männer. Wir wollen, dass unser Herz berührt wird. Die Dichter tun das.

Auf den Bildern in diesem Buch fehlen die Männer. Es geht nur um lesende Frauen. Es sind alte und junge Frauen, sie sitzen oder liegen, bekleidet oder nackt, wir sehen ihre Arme, ihr Haar, ihre geneigte Kopfhaltung, nur selten sehen wir ihre Augen, nur dann, wenn sie gerade zu lesen aufhören und für einen Augenblick hochschauen.

Ich sammele seit Jahren Bilder lesender Frauen, eines davon hängt über dem Sofaplatz, auf dem ich selbst lese. Es ist von Harald Metzkes und zeigt für mein Gefühl eine junge Frau, die um ihr Leben liest. Sie sitzt am Fenster, es ist stockdunkel draußen, aber ein Streif am Horizont zeigt: Es wird auch wieder hell. Ich sitze da und lese, ich bin das. Und ich muss nur noch dreißig, vierzig Seiten durchhalten, dann darf ich hochschauen und: Es wird wieder hell sein. Ich würde nicht so weit gehen wie Montesquieu, der gesagt hat: »Ich hatte niemals einen Kummer, den eine Stunde Lesens nicht verscheucht hätte.« Wahr aber ist: Eine Stunde Lesens lässt mich für genau eine Stunde den Kummer vergessen. Er kommt dann schon wieder, aber, wie auf dem Bild: Vielleicht ist es bis dahin ja hell. Macht uns so viel gläubige Hoffnung gefährlich? Es scheint so, denn es liegt Kraft darin, das eigene Schicksal zu gestalten. Erst seit wenigen Jahrzehnten wird uns Frauen das ja überhaupt erst zugestanden, und noch immer längst nicht allen Frauen und noch immer längst nicht überall.

Mir fällt eine komische Geschichte ein, in der das Lesen als Vorschlag zur Katastrophenbewältigung herhalten muss. Es ist eine Geschichte aus der Kindheit von Dylan Thomas. Er erzählt, wie es Weihnachten bei den Nachbarn gebrannt hat. Und nachdem alles in Schutt und Asche liegt und das Wohnzimmer nass ist und die großen Feuerwehrmänner mit ihrem schweren Gerät erschöpft dastehen, sagt Mrs. Prothero, die immer das richtige Wort findet und die jetzt Trost spenden und ihre Dankbarkeit ausdrücken möchte, zu diesen Feuerwehrmännern: »Möchten Sie jetzt vielleicht etwas lesen?«

»Die einzige Art, das Dasein zu ertragen, besteht darin, sich an der Literatur wie in einer ewigen Orgie zu berauschen«, nach diesem Satz aus einem Brief Flauberts von 1858 nannte Mario Vargas Llosa sein Buch über Madame Bovary »Die ewige Orgie«. Eine Orgie des Lesens – schöner Gedanke, wenn man das Wort »Orgie« nicht nur im Sinne von etwas hemmungslos Ausschweifendem versteht, sondern ganz ursprünglich: als heilige Handlung und geheimen Gottesdienst. Vargas Llosa weiß, was er an uns Frauen hat: »Es ist allein den

Leserinnen zu verdanken, dass heute überhaupt noch Literatur veröffentlicht und verkauft wird.«

»Man lernt vom Leben, indem man lebt. Man lernt vom Lesen, indem man liest«, sagt Günter de Bruyn. »Und da das Lesen von Literatur immer Einblicke in das Leben anderer gibt, erfährt man dabei vom Leben mehr, als man selbst erleben kann. Lesend lebt man andere Leben mit.« Ich würde ergänzen: Man liebt auch andere Lieben mit.

Das zu intensive, das orgiastische Lesen kann auch lebensgefährlich sein. So beginnt die Erzählung »Das Papierhaus« von Carlos María Domínguez: »Im Frühjahr 1998 kaufte Bluma Lennon in einer Buchhandlung von Soho eine alte Ausgabe der Gedichte von Emily Dickinson und wurde an der ersten Straßenecke, als sie gerade beim zweiten Gedicht angelangt war, von einem Auto überfahren.« Wir ahnen: Lesen macht nicht nur gefährlich, es gefährdet auch, uns und andere. Ich denke an»Das leselustige Kindermädchen«, eine Karikatur von 1863, die ein ins Buch versunkenes Kindermädchen zeigt, das im Park beim Gehen liest, lustlos den Kinderwagen hinter sich herzieht und nicht merkt, dass das Kind längst herausgefallen ist. Ich verstehe, wenn in solchen Fällen die Hausfrau ein Machtwort spricht.

Aber in der Regel wurde vor lesenden Frauen gewarnt, weil in ihrem Kopf etwas passierte, das nicht zu den dominanten Lebensplänen passte, die andere für sie machten. Lesen stellt nicht nur Lebensentwürfe in Frage, sondern auch Vorgaben höherer Instanzen wie Gott, Gatte, Regierung, Kirche. Lesen beflügelt die Phantasie, und Phantasie trägt weg aus der Gegenwart, wohin? Als ließe sich das noch kontrollieren. Und alles Unkontrollierbare macht Angst. Gerade die, die unkontrollierbare Macht ausüben (Gott, Gatte, Regierung, Kirche!), wissen das. Aber Gott drückt da vielleicht noch ein Auge zu. Virginia Woolf: »Ich habe jedenfalls manchmal geträumt, wenn der Tag des Jüngsten Gerichts heraufdämmert und die großen Eroberer und Rechtsgelehrten und Staatsmänner kommen, ihren Lohn zu empfangen – ihre Kronen, ihren Lorbeer, ihre Namen unauslöschlich gemeißelt in unvergänglichen Marmor –, dann werde der Allmächtige sich zu Petrus wenden und werde sagen, nicht ohne einen gewissen Neid, wenn er uns mit unseren Büchern unter dem Arm kommen sieht, ›Sieh, diese brauchen keinen Lohn. Wir haben ihnen hier nichts zu geben. Sie haben das Lesen geliebt.‹«

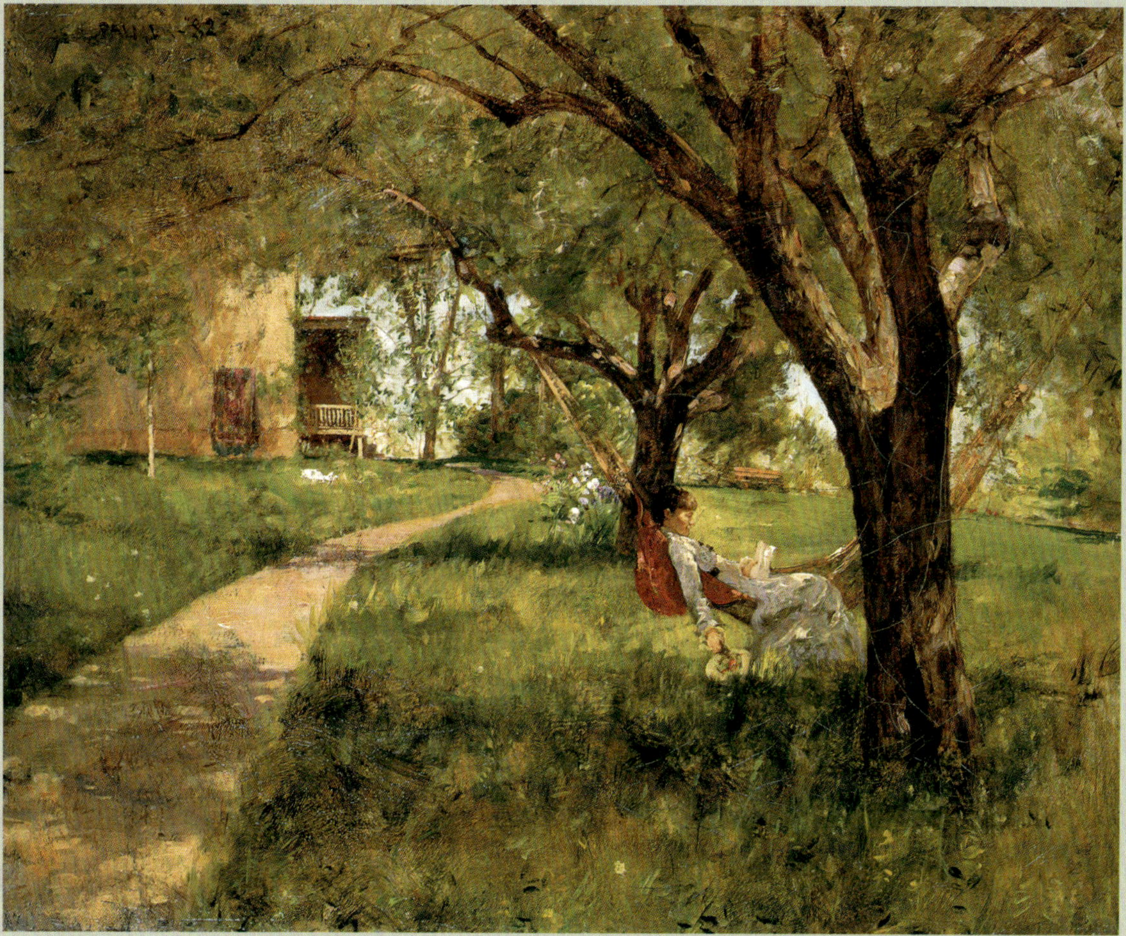

W. L. Palmer, 1854–1932

Nachmittags in der Hängematte, 1882
Privatbesitz

Stefan Bollmann

Eine Geschichte des Lesens in Bildern vom 13. bis 21. Jahrhundert

Frauen, die lesen, sind und bleiben gefährlich

Vor gut 20 Jahren, als die Idee zu diesem Buch geboren wurde, war das Thema »lesende Frauen« in der Öffentlichkeit kaum präsent, die sich in Buchhandlungen und Museumsshops drehenden Postkartenständer waren nicht voll mit Motiven Lesender in allen Lebenslagen, geschweige denn dass jemand auf die Idee gekommen wäre, Kalender aufzulegen, die Monat für Monat Leserinnen bei ihrer recht handlungsarmen Beschäftigung zeigen. Und auch die Ansicht, dass lesende Frauen womöglich gefährlich sind, war nicht zu hören, selbst nicht als Kompliment. Geändert hat sich das alles erst mit diesem Buch.

Man könnte es die vornehmste Aufgabe von Verleger*innen, Buchhändler*innen und Autor*innen nennen, Themen zu setzen und dafür Märkte zu erschließen – beides geht Hand in Hand. Und beides ist mit »Frauen, die lesen, sind gefährlich« gelungen – in den deutschsprachigen Ländern wie international. Das Buch wurde ein internationaler Bestseller.

Wie so oft fing alles recht bescheiden und beiläufig an. Ich bin kein Kunsthistoriker, habe vielmehr Germanistik und ein wenig Theaterwissenschaft und Geschichte studiert. Trotzdem ist seit jeher eine meiner Lieblingsbeschäftigungen, durch Museen und Ausstellungen zu flanieren. Augen auf, aber mit schweifendem Blick, um dann das genauer zu betrachten, was mir ins Auge sticht. »Ich suche nicht, ich finde«, soll Picasso gesagt haben. Mit einem gelehrten Ausdruck kann man das auch »Serendipity« nennen, was nichts anderes meint als einen gezielten Zufall: Sie merken schon: Führungen und auch Audioguides, so lehrreich sie sein mögen, schätze ich nicht so, denn sie lassen mich nicht die Entdeckungen machen, auf die ich besonders aus bin – jene nämlich, die unerwartet sind.

Auf diese Weise durch Bilderwelten streifend, fiel mir ins Auge, auf wie vielen Gemälden und auch Fotografien Lesende zu sehen sind. Obgleich man sofort zugeben muss, dass es sich um die nachgerade unaufregendste Beschäftigung der Welt handelt, bei der man Menschen zeigen kann: Alles spielt sich hier zwischen Kopf und Text ab, findet sichtbaren Ausdruck höchstens in der hingebungsvollen Aufmerksamkeit in der Miene der lesenden Person. In ein Buch vertiefte Menschen blicken Betrachterin oder Betrachter in der Regel nicht an, ausgenommen, sie halten gerade aufschauend in ihrer Lektüre inne –

zuweilen mit dem Finger im Buch, um die Stelle wiederzufinden, an der sie sie unterbrochen haben. Möglichweise wurden sie gerade gestört oder sie denken über das soeben Gelesene nach. Es gibt eine simple Erklärung für die Häufung dieses Motivs: Malerinnen und Maler hätten ihren Modellen etwas Lesbares in die Hand gedrückt, damit sie während des sich schier endlos hinziehenden Malvorgangs stillhalten und nicht herumzappeln, auch nicht andauernd mit der Künstlerin reden. Obwohl nicht von der Hand zu weisen, beschränkt sich diese Erklärung auf die Perspektive des Malenden. Die Beliebtheit des Motivs bei den »Modellen« wie beim Publikum berücksichtigt sie hingegen nicht. Und sie ist wohl auch einfach zu banal, um das Phänomen einigermaßen erschöpfend zu beschreiben.

Eine Geschichte des Lesens

Bei mir haben die vielen Leserinnen und Leser auf den Leinwänden in den Museen den Impuls ausgelöst, mich eingehender mit der Geschichte des Lesens zu beschäftigen. Alberto Manguels schönes Buch mit diesem Titel, das bescheiden sogar von »*einer* Geschichte des Lesens« spricht, war gerade erschienen, und ich las es mit wachsendem Entzücken und Einverständnis. In Manguels Buch tauchen Hunderte von leidenschaftlichen Leserinnen und Lesern durch die historischen Zeiten und die kulturellen Räume hindurch auf, von Aristoteles bis zur japanischen Hofdame Murasaki, von muslimischen Studentinnen bis zu Jorge Luis Borges – Männer wie Frauen, ohne dass hier ein Unterschied zwischen ihnen im Hinblick auf ihre Passion, das Lesen, gemacht würde. Eine These, wie sie die deutsch-amerikanische und jüdische Germanistin Ruth Klüger seinerzeit formulierte, dass Frauen anders lesen als Männer, kommt diesem großen Gelehrten und Enzyklopädisten der Geschichte des Lesens nicht in den Sinn.

Und auch mich selbst interessierte die Bedeutung des Lesens erst einmal unabhängig von der Frage, *wer* liest, unabhängig auch von der Geschlechterfrage. Dennoch war mir zumindest aufgefallen, dass die Zahl der gemalten Lesenden mit der Wende vom 18. zum 19. und dann noch einmal zum 20. Jahrhundert dramatisch zunahm. Oder, wem dieser Schluss von der Darstellung auf die Faktenlage zu weit geht: Es wuchs die Zahl derjenigen, die nichts dagegen hatten, auf einem Porträt mit einem Buch in der Hand oder sogar darin lesend gezeigt zu werden, die dies womöglich sogar ausdrücklich wünschten. Auffällig dabei war, dass die Zahl der lesenden Frauen zunahm, während die der Männer eher konstant blieb, wenn nicht sogar sank.

Anhand eines Streifzugs durch die Kunstgeschichte wollte ich, stets mit aussagekräftigen Bildern versehen, eine Geschichte des Lesens erzählen; die schönsten Bilder, auf die ich bei meinen Recherchen vor Ort in den Museen gestoßen war, also nicht nur abbilden, sondern auch als Zeugnisse nutzen, um zu zeigen, wie sich die Lesekultur durch die Jahrhunderte verändert hatte.

Bei der Suche nach einem Verlag für mein Projekt stieß ich auf den 2004 frisch gegründeten Elisabeth Sandmann Verlag in München. Dort fand meine Buchidee eine Heimat – und das Buch seine entscheidende Richtung: Nicht um das Lesen selbst müsse es in dem Buch gehen, sondern darum, dass und wie die Frauen es zu ihrer Sache machten, auf diese Weise Selbstbestimmung und Freiheit gewannen.

Der zündende Titel des Buches ergab sich – die Vertreterkonferenz des Verlages nahte schon – während eines Telefongesprächs. Während ich resümierte, dass Männer stets behaupteten, Frauen, die viel, in ihren Augen zu viel lasen, seien leicht beeinflussbar, sie vernachlässigten ihre Pflichten und verlören sich in fiktionalen Welten, alles andere gerate dadurch in Vergessenheit, das Lesen werde zur Sucht, kurzum, sie seien gefährdet – entgegnete meine Verlegerin, ob das nicht eine Abwehrhaltung der Männer sei, mit der Bedeutung, dass die lesenden Frauen in Wirklichkeit gefährlich waren? In diesem Moment war die Idee zusammen mit dem richtigen Wort gefunden. Aus »gefährdet« wurde »gefährlich« – und der Titel »Frauen, die lesen, sind gefährlich« zu einem geflügelten Wort.

Bis in die Titelfindung hinein ist »Frauen, die lesen, sind gefährlich«, ein Paradebeispiel dafür, was im besten Fall passieren kann, wenn Autor*in und Verleger*in ihre Kompetenzen bündeln, um das Potenzial eines Projekts bestmöglich auszuloten. Ich bin Elisabeth Sandmann zeitlebens dafür dankbar, dass das mit ihr möglich war.

Sind Frauen, die lesen, gefährdet?

Nicht wenige – hauptsächlich Männer – haben die Aussage des Titels belächelt, sie bestenfalls für ein Kompliment gehalten, was sie natürlich auch ist. Aber es steckt doch einiges mehr darin, nicht zuletzt eine radikale Umkehrung der konventionellen, historisch verbürgten Perspektive auf das Thema. Denn in der Tat belegen zahllose Zeugnisse, dass lesende Frauen als gefährdet galten.

Als in der zweiten Hälfte des 18. Jahrhunderts mit Autoren wie Samuel Richardson, Jean-Jacques Rousseau und Johann Wolfgang Goethe das Lesefieber in Europa zu grassieren begann und zunehmend mehr Frauen zu Büchern griffen, rief dieses die Zeitgenossen irritierende Phänomen rasch Befürworter wie Kritiker auf den Plan. Erstere propagierten ein nützliches Lesen, das die »Lesewut«, wie man damals sagte, für Botschaften der Tugend und für Bildungsmaßnahmen kanalisieren sollte. Ihre konservativen Gegenspieler hingegen sahen im zügellosen Lesen lediglich einen weiteren Beleg für den unaufhaltsamen Verfall von Sitte und Ordnung. Jetzt griffen schon die Frauen zu Büchern – wohin sollte das führen, wenn nicht dahin, dass den Frauen der Kopf verdreht und in Folge davon die Welt auf den Kopf gestellt wurde. So wollte beispielsweise der Schweizer Buchhändler Johann Georg Heinzmann die exzessive Romanleserei neben der Französischen Revolution gar als zweites Extrem des Zeitalters verstanden wissen, das »im Geheimen« ebenso viel Unglück unter die Menschen und Familien gebracht habe wie die »schreckbare Revolution« öffentlich. Und hatte er, näher besehen, nicht sogar recht mit seiner kulturkritischen Schmährede? In den Jahrzehnten vor 1789 erreichte die Zahl der Leserinnen und Leser über die Grenzen Frankreichs hinaus bislang nie gekannte Ausmaße. Deren Lesestoff aber war mehrheitlich nicht dem zuzurechnen, was wir heute Bildungskanon nennen. Die jungen Leute, unter ihnen viele Frauen, griffen zu den neuen Romanen, die häufig von Liebe außerhalb der Ehe und von verbotenen Vergnügungen handelten, während die historischen und politischen Schriften, die auf dem Index standen, weil sie etwa eine materialistische Weltsicht lehrten, eher von berufstätigen Männern gelesen wurden. Es war eine Blütezeit der Raubrucke und der Bücher, die von Hand zu Hand gingen. Bücher waren teuer, weshalb häufig ein einziges Exemplar eines aufgrund seines anstößigen Inhalts stark nachgefragten Romans mit hohem Tempo im weiträumigen Bekanntenkreis, zirkulierte, bis es zerlesen war und auseinanderfiel, bis die Seiten von den vielen Tränen, die auf ihnen vergossen wurde, wellig und unansehnlich geworden waren. In Deutschland sind »Die Leiden des jungen Werthers«, Goethes in herzzerreißenden Briefen aufgeschriebene Liebesgeschichte eines jungen Mannes ohne berufliche Zukunft, der schlussendlich Suizid begeht, das Beispiel schlechthin für eine solche Lektüre, die insbesondere junge Leserinnen und Leser aufwühlte und rebellisch machte, einige von ihnen sogar zur Nachahmung von Werthers verpönter Tat trieb – ein Phänomen, das bis heute Werther-Effekt genannt wird.

Dieses vielfach enthemmte Lesen rief schließlich auch die Fraktion der Aufklärer auf den Plan, die darin vorrangig ein selbstschädigendes und sozi-

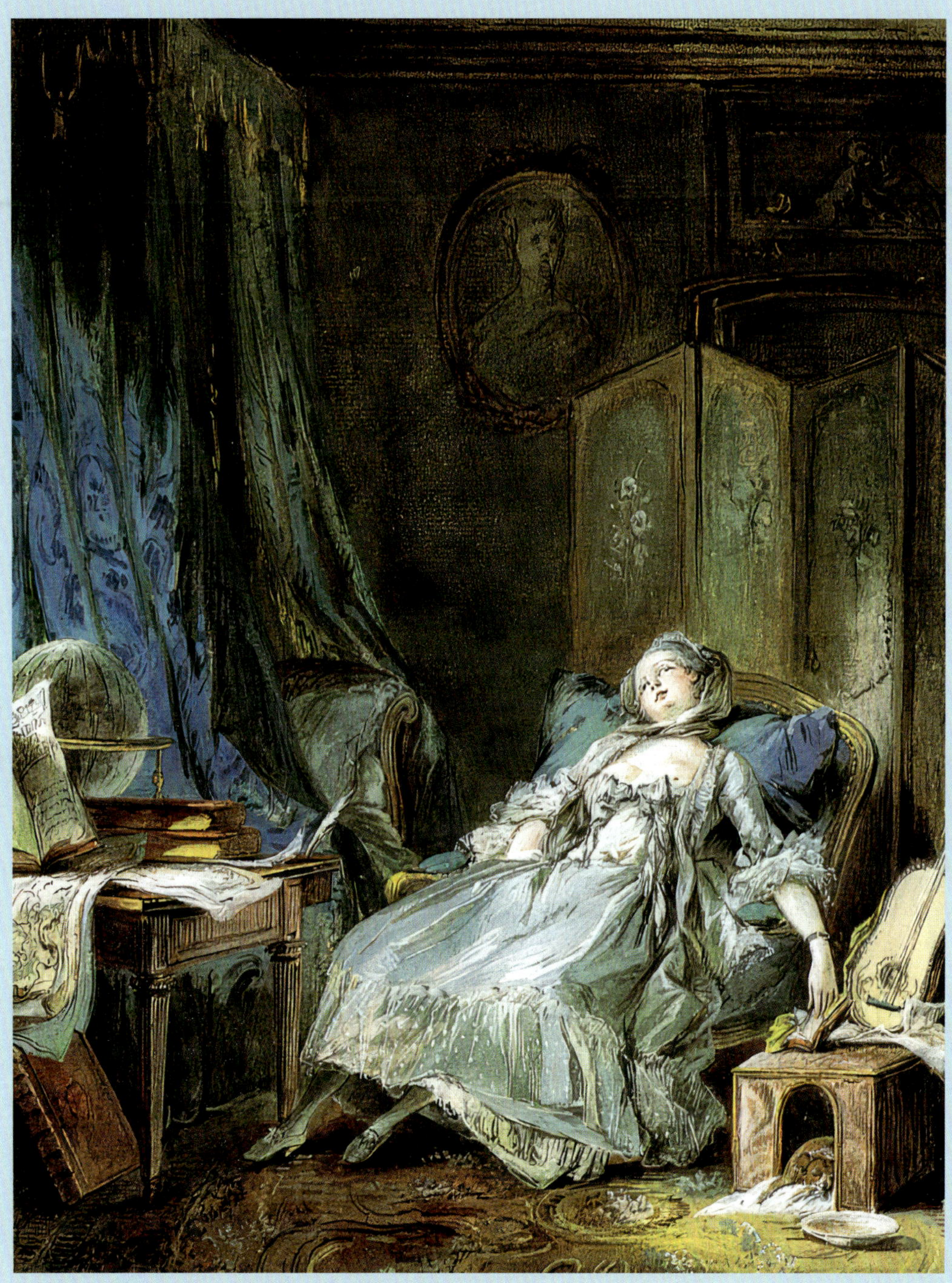

Pierre-Antoine Baudouin, *Die Lektüre*, um 1760, Musée des Arts Décoratifs, Paris

alschädliches Verhalten erkennen wollte. Die Folgen »geschmack- und gedankenloser Lektüre«, so der Kantianer Johann Adam Bergk 1799, seien »unsinnige Verschwendung, unüberwindliche Scheu vor jeder Anstrengung, grenzenloser Hang zum Luxus, Unterdrückung der Stimme des Gewissens, Lebensüberdruss, und ein früher Tod« – kurz, ein Rückfall aus bürgerlichen Tugenden in aristokratische Laster, welcher folgerichtig mit Verringerung der Lebenserwartung bestraft wird. »Der Mangel aller körperlichen Bewegung beym Lesen, in Verbindung mit der so gewaltsamen Abwechslung von Vorstellungen und Empfindungen«, so der Pädagoge Karl G. Bauer 1791, führe zu »Schlaffheit, Verschleimung, Blähungen und Verstopfung in den Eingeweiden, die bekanntermaaßen bey beyden, namentlich bey dem weiblichen Geschlecht, recht eigentlich auf die Geschlechtstheile wirkt« – wer viel liest und wessen Einbildungskraft dadurch aufgestachelt wird, neigt danach auch zur Onanie. Selbst dafür gibt es Zeugnisse in Gestalt von Gemälden, etwa das um 1760 entstandene Bild »Die Lektüre« von Pierre-Antoine Baudouin, einem Lieblingsmaler der Marquise de Pompadour. Baudoins Leserin ist das Buch aus der Hand geglitten, hin zu den anderen Dingen weiblichen Vergnügens: Schoßhündchen und Laute. Rousseau hat im Hinblick auf derlei Lektüre von Büchern gesprochen, die man nur mit einer Hand liest – die rechte, unter den Rock geglittene Hand der verzückt im Sessel liegenden Frau mit dem aufgeknöpften Mieder macht deutlich, was er damit meinte. Man kann Baudouins Bild so verstehen, dass es vor den verderblichen Folgen der Lektüre warnt. In Wirklichkeit aber ergötzten sich an solchen lasziven Darstellungen vornehmlich scheinheilige Männer, zu denen Baudouins Zeitgenosse Diderot »kleine Abbés, junge leichtblütige Advokaten, dicke Finanzmänner und anderes Volk von schlechtem Geschmack« rechnete.

Lesen ist eine Aktivität

Gemeinsamer Nenner der Kritik an der Lektüre insbesondere fiktionaler Texte war, dass das Lesen als ein passiver Vorgang verstanden wurde, von dem gerade Frauen, die als vornehmlich willenlose, entscheidungsschwache Geschöpfe galten, gefangen genommen und vom tugendhaften Weg abgebracht wurden. Doch genau das stimmte nicht; Lesen war nie nur Überwältigung, kein mechanischer Vorgang, als würden die Buchstaben, Wörter und Sätze des Buches gleichsam unseren Geist bedrucken. Die Passivität der Lesenden, ihre körperliche Bewegungsarmut bei gleichzeitiger Versunkenheit in die Lektüre, täuscht darüber hinweg, dass Lesen eine Aktivität ist, die unsere Gefühle und unseren

Verstand in höchstem Maße fordert. Natürlich können unsere Augen unaufmerksam über die Zeilen des Buches hinweggleiten – und wer hat sich dabei nicht schon ertappt, sei es aus Müdigkeit oder weil die Gedanken abschweiften. Man kann sich dann zur Aufmerksamkeit zwingen und weiß doch, dass sie sich nicht willkürlich herstellen lässt. Vielmehr stellt sie sich wie von selbst ein, wenn wir gefesselt sind von dem, was wir lesen: wenn wir uns mit unserer ganzen Person, Gefühlen wie Intellekt, mit unseren Sympathien und Empfindlichkeiten, mit unserem Temperament und unseren Wertvorstellungen dem Buch gleichsam ausliefern.

Dann aber, wenn es zu diesem hingebungsvollen Lesen kommt, wenn uns das Buch packt und unsere Emotionen wie unseren Verstand mobilisiert, geschieht etwas Sonderbares: Dann merken wir, dass es gar nicht das Buch, sondern dass wir es sind, mit denen beim Lesen etwas geschieht: Die Gefühle und Urteile der Figuren eines Romans sind meine Gefühle und Urteile, Werthers Verliebtheit und Verzweiflung sind meine Verliebtheit und Verzweiflung, der Zorn, der Hass, der rebellische Furor der Helden oder Antihelden, in die ich mich bei der Lektüre hineinversetze, sind mein Zorn, mein Hass, mein rebellischer Furor. Und wenn ich diese Affekte und Gefühle abstoßend finde, so ist es mein Urteil, zu dem mich das Buch herausfordert. Lesen ist Herausgefordertwerden – im Extremfall nehme ich das Buch und werfe es in eine Ecke, weil ich es abstoßend oder dumm finde.

Zuweilen aber bewirkt die Lektüre etwas Neues in mir, gibt mich der Welt anders, verändert zurück, als ich zu dem Zeitpunkt war, da ich begann, meinen Geist zu öffnen für die vielen Eindrücke und Beobachtungen, mit denen mich das Buch versorgt hat. Dann führt mein Wunsch, eine andere, ein anderer zu sein, den ich bei der Lektüre in der Fantasie ausleben konnte, zu wirklichen Veränderungen, wie ich die Welt und wie ich mich selbst sehe – und wer weiß, vielleicht ändere ich mich sogar. Während der Zeit der Lektüre bin ich zu der im Buch niedergelegten Sicht auf die Welt eine intensive Bindung eingegangen und habe mich zugleich aus den Bindungen gelöst, die bislang meinen Blick auf das Leben bestimmt haben. Ich habe gespürt, wie meine bisherige Identität in die Schwebe versetzt wurde, und bin nun frei, sie zu hinterfragen und womöglich zu neuen Ufern aufzubrechen.

Dieses Potenzial der Selbstaktivierung bis hin zur Selbstveränderung war es, was die Kritiker des Lesens fürchteten, als Frauen vor gut 250 Jahren begannen, das Lesen für sich zu entdecken. Mir ist wohl bewusst, dass dabei auch gesellschaftliche, ja ökonomische Faktoren eine Rolle spielten: In dem Maße, wie traditionelle Hauswirtschaftsaktivitäten outgesourct wurden, wie wir heute sagen würden, verfügten Frauen insbesondere in begüterten Verhältnissen über zunehmend mehr freie Zeit. Artikel des täglichen Bedarfs wurden nun von Manufakturen hergestellt und waren auf dem Markt und in Läden zu haben, sodass die alten hausfraulichen Pflichten – vom Spinnen übers Brotbacken bis zum Kerzenziehen – hinfällig wurden. Zugleich aber waren die Frauen von dem aktiven Leben, das die Männer führten, weiterhin so gut wie ausgeschlossen: Politik wie Geschäft blieben in der Regel in Männerhand, ebenso Jagen und Trinken, die hauptsächlichen männlichen Freizeitvergnügungen. Die Domäne der Frauen blieb das Haus, sie lebten »eingezogen«, wie man das damals nannte, und pflegten zumal mit zunehmendem Alter eine sitzende Lebensweise, in der Konversation und Repräsentationsverpflichtungen eine wichtige Rolle spielten.

In diese geschlossene, statische Welt drangen nun die Bücher ein mit ihren verlockenden, den Geist und die Empfindungen aufwühlenden Geschichten. Irgendwie müssen sie den Leserinnen vertraut vorgekommen sein, weil sie ihre eigenen Gefühle und oftmals geheimen Wünsche ansprachen. Zugleich aber empfanden sie sie als fremd, weil sie von Erfahrungen und Lebenschancen berichteten, von denen sie oftmals gar nicht wussten, dass man sie haben kann. Zuweilen mögen sie wie der sprichwörtliche Stachel im Fleisch gewirkt haben, der die Frauen damit konfrontierte, was ihnen in ihrem eingezogenen Leben alles vorenthalten blieb. Kein Wunder, dass der Geist der Unzufriedenheit und der Rebellion von ihnen Besitz ergriff. Lesen wurde da in der Tat zu einem gefährlichen Unterfangen. Das alles bedeutete noch lange nicht die Befreiung der Frau aus patriarchalischer Vormundschaft. Wohl aber hat es die Pforte aufgestoßen, durch die der Weg ins Freie führte.

Wo und wie es begann

Im Jahr 1631 hat Rembrandt eine alte lesende Frau gemalt (das Bild ist bekannt als »Rembrandts Mutter«). Das mächtige Buch auf dem Schoß der Greisin, das aus sich selbst heraus zu leuchten scheint, ist auch aufgrund seiner hebräisierenden Buchstaben als Altes Testament erkennbar. Die runzlige Hand der Greisin liegt flach auf der aufgeschlagenen Seite: Auf diese Weise markieren ältere Menschen, denen das Lesen Mühe bereitet, die gerade zu lesende Zeile. Die Gebärde ist aber auch Ausdruck der intensiven Beziehung, die Rembrandts Lesen-

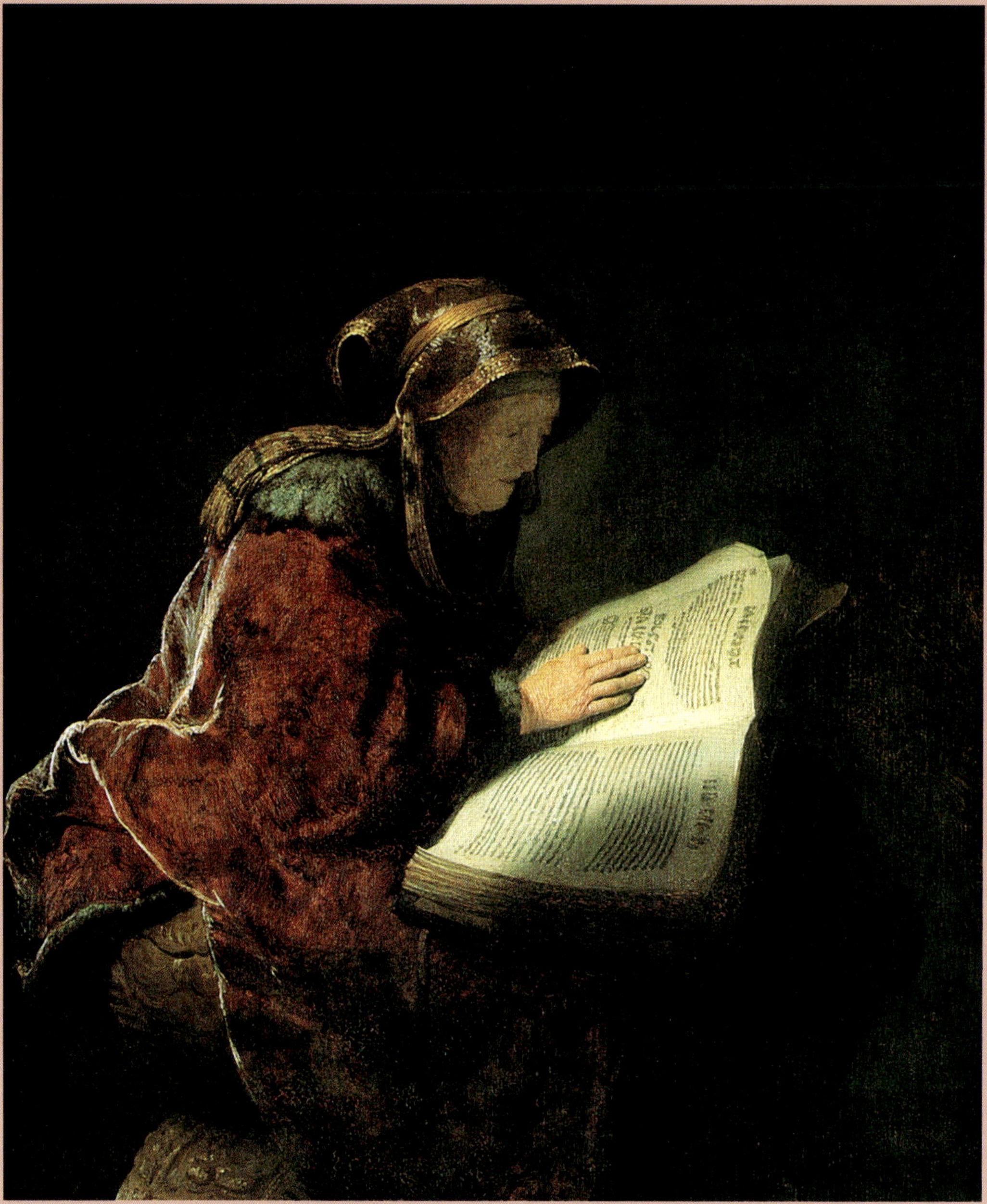

Rembrandt van Rijn, *Alte lesende Frau,* 1631, Rijksmuseum, Amsterdam

de zu den Worten der Bibel hat; es scheint, als wolle sie Sinn und Bedeutung des Gelesenen tief in sich aufnehmen.

Nicht nur diese Geborgenheit im Glauben gerät mit der Aufklärung und der zunehmenden Verbreitung des Lesens, seiner Wandlung zu einer Freizeitbeschäftigung in eine Krise; die Bücher – in vielen Haushalten war nachgerade nur eins vorhanden: die Bibel – büßen zudem ihre unbedingte Autorität ein. Sie künden nun nicht mehr von unbezweifelbarer Wahrheit, sondern werden mehr und mehr zu Instrumenten, die der Selbstwahrnehmung und Selbstdeutung ihrer Leserinnen und Leser dienen. Gleichzeitig hören diese auf, auf immer die gleichen, von Generation zu Generation weitervererbten Bücher zurückzugreifen; stattdessen erobern sie sich neuen, nichtreligiösen Lesestoff, der ihnen empirische Kenntnisse, kritische Ideen und Lebenswünsche vermittelt, die bislang außerhalb ihrer Reichweite lagen. Im protestantischen Norden Europas waren diese Tendenzen, wenn auch verhalten, schon seit Längerem sichtbar. Auch davon legt die holländische Malerei des 17. Jahrhunderts in beredter Weise Zeugnis ab. In keinem anderen Land Europas konnten zu dieser Zeit so viele Bürger lesen und schreiben wie in den Niederlanden, und nirgendwo wurden so viele Bücher gedruckt wie hier. Reisende wussten zu berichten, dass bereits Mitte des 16. Jahrhunderts die Alphabetisierung selbst die Bauern und das einfache Volk erreicht hatte. Dabei war unter Frauen die Fertigkeit des Lesens weiterverbreitet als die des Schreibens, welche noch länger eine männliche Domäne blieb. Ein in den 1660er-Jahren entstandenes Gemälde des holländischen Malers Pieter Janssens, genannt Elinga, zeigt eine junge Frau, die in die Lektüre eines Buches vertieft ist. Anders als Rembrandts lesende Greisin wendet sie uns den Rücken zu – ein traditionelles Zeichen für Weltabgewandtheit. Doch gilt ihre Versunkenheit keineswegs dem Wort Gottes – der indiskrete Blick über ihre Schulter in das aufgeschlagene Buch, zu dem der Maler die Betrachtenden einlädt, gab den Zeitgenossen zweifelsfrei zu erkennen, in welche Art von Buch die Leserin vertieft war: in die »schöne Historie von dem Ritter Malegis, der das berühmte Ross Baiart gewann und viel wunderbare und abenteuerliche Geschichten betrieb« – die niederländische Umdichtung eines mittelalterlichen Heldenepos, die zu den zur damaligen Zeit äußerst beliebten Ritterromanen zählte. Einige Details des Gemäldes deuten darauf hin, dass der Maler das Leseverhalten der Frau als leichtfertig und ungehörig kritisiert. So scheint die Obstschale in Eile und unüberlegt abgestellt worden zu sein und droht nun jeden Augenblick von dem gewölbten Polster des Stuhles an der Wand herunterzurutschen; das Kissen, das eigentlich für die Sitzfläche jenes Stuhles gedacht ist, den die Lesende des besseren Lichtes wegen näher an die drei Oberfenster herangerückt hat, wurde anscheinend unachtsam auf den Boden geworfen. Die Pantoffeln stehen unordentlich mitten im Raum – als seien sie unbedacht abgestreift worden oder die Lesende bei ihrem brennenden Wunsch, die Lektüre möglichst schnell wieder aufzunehmen, darüber gestolpert. Wir bekommen so den Eindruck, als nutze die junge Frau das Alleinsein aus, um ihrer Lesesucht zu frönen, statt mit Sorgfalt den Arbeitspflichten nachzugehen, wie es die calvinistische Ethik verlangt hätte.

Anarchisches Lesen

Besonders zwei soziale Gruppen sind es, die zukünftig für den Umbruch des Leseverhaltens stehen werden: junge Intellektuelle und junge Frauen aus eher wohlhabenden Verhältnissen. Beide waren auf der Suche nach neuen Texten; in erster Linie nicht einmal, um sie gegen die alten Autoritäten durchzusetzen, sondern getrieben von dem Bedürfnis nach privater und gesellschaftlicher Selbstverständigung. Beide Gruppen verfügten über relativ viel freie Zeit: die jungen bürgerlichen Intellektuellen, weil sie in einer sozial immobilen Welt häufig von allen Aufstiegschancen abgeschnitten waren; die Frauen aus den bereits erwähnten Gründen. Selbst Zofen und Stubenmädchen bekamen etwas von diesem Zeitwohlstand mit; das kostspielige Licht, um bei Dunkelheit zu lesen, war im Haushalt der Herrschaft vorhanden, und zuweilen blieb auch etwas Geld für die Leihbücherei.

Im Gegensatz zum gelehrten und nützlichen Lesen der Tradition hatte die neue Lektürepraxis etwas Ungezügeltes, Wildes: So war sie stark auf die Steigerung der Einbildungskraft der Lesenden zugeschnitten. Nicht die nach Stunden und Tagen gerechnete Lesezeit war das Entscheidende, sondern vielmehr die Intensität des emotionalen Erlebens, die sich dabei einstellte. Man kann sich gut vorstellen, dass Leserinnen wie Leser süchtig nach dem Selbstwertgefühl wurden, das die Lektüre hervorrief. Das genussvolle Erleben der eigenen emotionalen Bewegtheit war es, wonach es sie verlangte; denn es vermittelte ihnen ein neues, beglückendes Bewusstsein von sich selbst, das die Erfüllung der ihnen zugewiesenen sozialen Rollen ihnen niemals verschaffen konnte. Bei ihrer direkten Umgebung blieb es häufig ohne Resonanz, und wenn doch, stieß es schnell auf Widerstand. Das hatte natürlich auch seine Schattenseiten; es konnte zu Frustration und Resignation, im Extremfall zu Katastrophen führen.

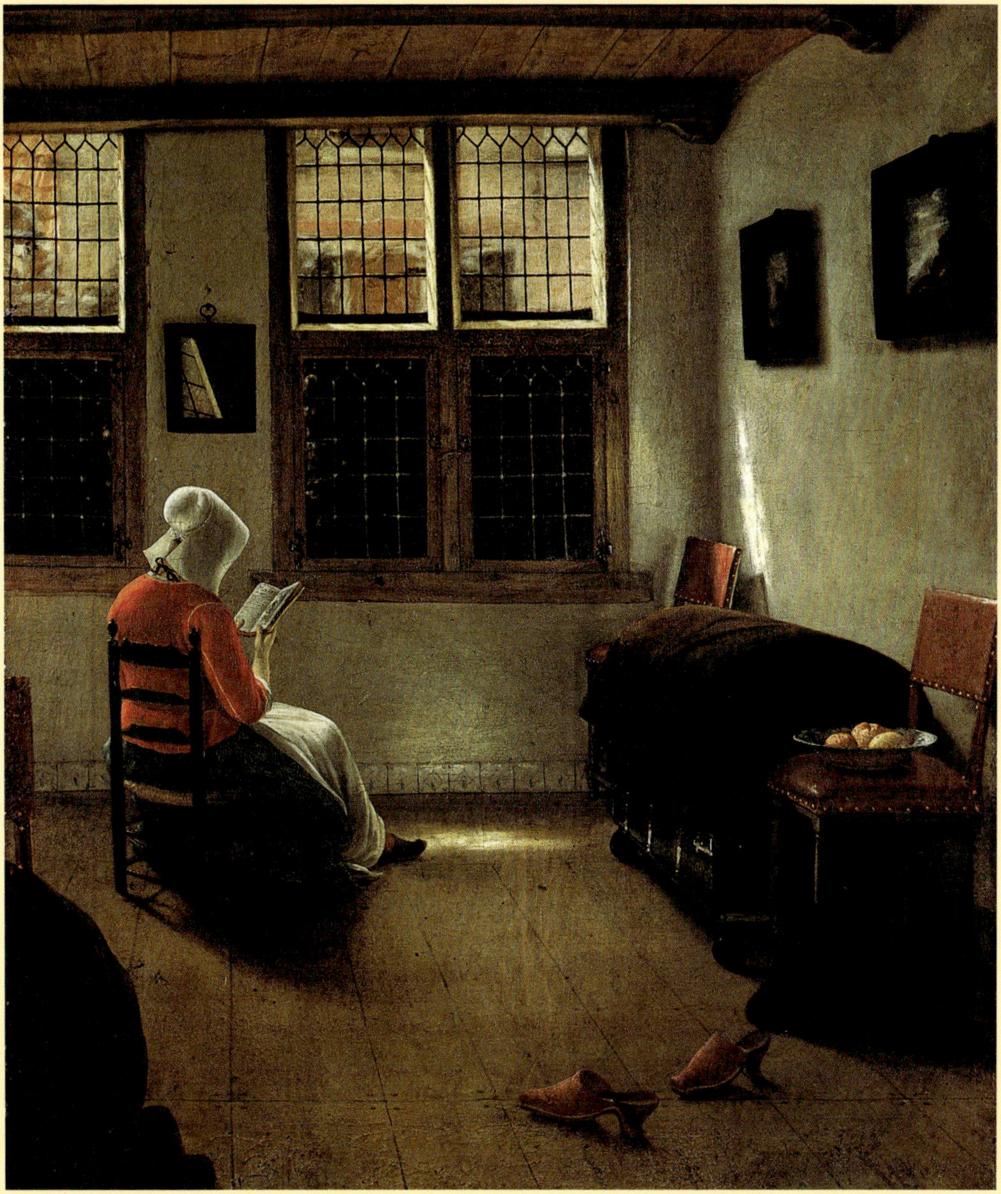

Pieter Janssens Elinga, *Lesende Frau,* 1668/70 , Alte Pinakothek, München

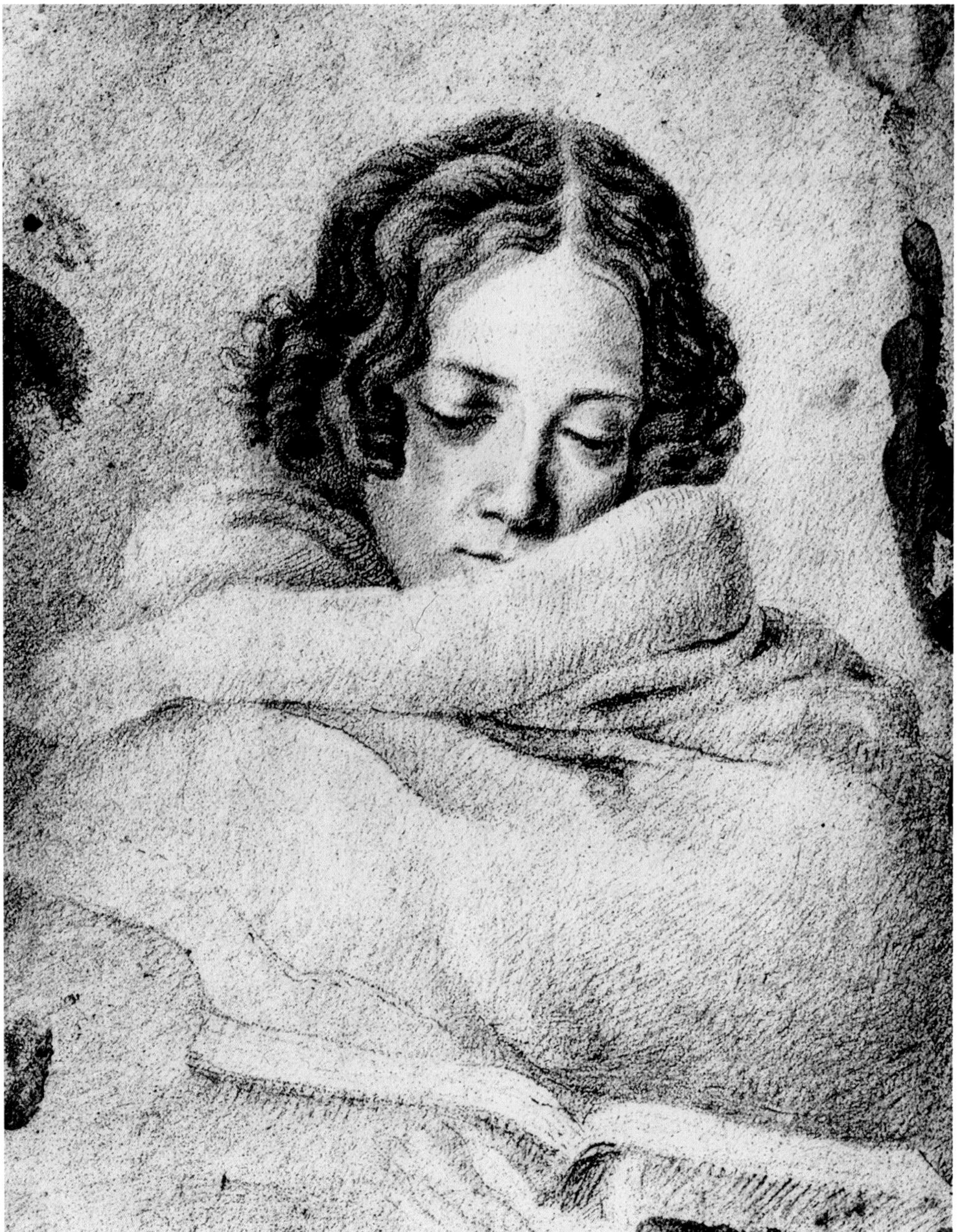

Ludwig Emil Grimm, *Bettina von Arnim,* um 1810

In Flauberts Roman 1857 erschienenem Roman »Madame Bovary« ist die Intensität des durch Lektüre ausgelösten Glücksverlangens, aber auch die Unüberwindlichkeit der sich geltend machenden Versagungen exemplarisch dargestellt. Erst die Bücher, die Emma Bovary als junge Frau liest, geben ihr eine Vorstellung davon, was zu erleben möglich sein müsste; doch mit ihrer Wirklichkeit lässt sich der Anspruch, den sie fortan an sich und das Leben stellt, nicht vereinbaren. Von ihren Liebhabern, dem Leben, sich selbst enttäuscht, und nicht zuletzt durch ihre verschwenderischen Ausgaben in eine bodenlose ökonomische Lage geraten, vergiftet sie sich schließlich. Flaubert hat für den Stoff seines Romans auf eine wahre Geschichte zurückgegriffen, wie man sie in der Zeitung lesen konnte, und das Milieu sowie medizinische und technische Details genau studiert. Mit seinem so exakten wie intensiven, zwischen Identifikation und ironischer Distanz changierenden, hämmernden Schreibstil verlieh er Emmas Schicksal zudem eine Wucht, die die dürre Zeitungsprosa weit hinter sich ließ und auf die zeitgenössischen Leser*innen mächtigen Eindruck machte. Ein spektakulärer Prozess ließ den Roman vollends zum Skandal werden. Wie stets in solchen Fällen wurde die Psyche der Frauen zum Gegenstand pathologischer und moralisierender Diskurse. So wurde in der Öffentlichkeit über Maßnahmen diskutiert, um zu vermeiden, dass Frauen, deren überbordende Einbildungskraft hinlänglich bekannt sei, nicht infolge verderblicher Lesesucht sich selbst und ihre Männer gefährden. Doch da war es schon zu spät. Mitte des 19. Jahrhunderts, als »Madame Bovary« erschien, ließen sich Leser so gut wie Leserinnen in Sachen Lektüre nichts mehr empfehlen, geschweige denn vorschreiben, sondern lasen, was der Markt hergab, und er gab immer mehr her. Auch bezüglich der Frage, *wie* zu lesen sei, sprengte das reale Leseverhalten die überkommenen Ordnungsvorstellungen. Insbesondere die weibliche Lektüre geschah unsystematisch, zerstreut, nicht selten auch heimlich. Sie passte sich dem Tagesablauf und den Lücken an freier Zeit, die er ließ, an, wurde aber auch von Launen, Gelegenheiten, Kapricen und den Moden des belletristischen Marktes bestimmt.

Wie man sich den Lektürealltag einer »genialischen« jungen Vielleserin Anfang des 19. Jahrhunderts vorzustellen hat, können wir einem Brief entnehmen, den Bettina von Arnim, die Meisterin der fingierten Briefwechsel, im Namen ihrer Freundin Karoline von Günderode sich selbst geschrieben hat. Die Schilderung des Zimmers der für geraume Zeit abwesenden Bettina liest sich wie das Psychogramm einer wilden Leserin, die in der Wahl ihrer Lektüre und in ihren Lesegewohnheiten in schönster Anarchie durch alle Zeiten, Stile und Gebiete hindurchfährt:

> »... in Deinem Zimmer sah es aus wie am Ufer, wo eine Flotte gestrandet war. Schlosser wollte zwei große Folianten, die er für Dich aus der Stadtbibliothek geliehen hat und die Du schon ein Vierteljahr hast, ohne drin zu lesen. Der Homer lag aufgeschlagen an der Erde, Dein Kanarienvogel hatte ihn nicht geschont, Deine schöne erfundne Reisekarte des Odysseus lag daneben und der Muschelkasten mit dem umgeworfenen Sepianäpfchen und allen Farbenmuscheln drum her, das hat einen braunen Fleck auf Deinen schönen Strohteppich gemacht ... Dein Riesenschilf am Spiegel ist noch grün, ich hab ihm frisch Wasser geben lassen, Dein Kasten mit Hafer, und was sonst noch drein gesäet ist, ist alles durcheinander emporgewachsen, es deucht mir viel Unkraut darunter zu sein, da ich es aber nicht genau unterscheiden kann, so hab ich nicht gewagt, etwas auszureißen; von Büchern hab ich gefunden auf der Erde den Ossian, die Sacontala, die Frankfurter Chronik, den zweiten Band Hemsterhuis, den ich zu mir genommen habe, weil ich den ersten Band von Dir habe ... Siegwart, ein Roman der Vergangenheit, fand ich auf dem Klavier, das Tintenfass draufliegend, ein Glück, da es nur wenig Tinte mehr enthielt, doch Du wirst Deine Mondscheinkomposition, über die es seine Flut ergoss, schwerlich mehr entziffern. Es rappelte was in einer kleinen Schachtel auf dem Fensterbrett, ich war neugierig sie aufzumachen, da flogen zwei Schmetterlinge heraus, die Du als Puppen hineingesetzt hattest, ich hab sie mit der Liesbet auf den Altan gejagt, wo sie in den blühenden Bohnen ihren ersten Hunger stillten. Unter deinem Bett fegte die Liesbet Karl den Zwölften und die Bibel hervor, und auch – einen Lederhandschuh, der an keiner Dame Hand gehört, mit einem französischen Gedicht darin, dieser Handschuh scheint unter Deinem Kopfkissen gelegen zu haben.«

Unschwer lässt sich vorstellen, wie das konkrete Leseverhalten dieser jungen Dame ausgesehen haben muss. Zu der Freiheit, die sie sich herausnahm, gehörte es, »hin- und herzublättern, ganze Passagen zu überspringen, Sätze gegen den Strich zu lesen, sie misszuverstehen, sie umzumodeln, sie fortzuspinnen und auszuschmücken mit allen möglichen Assoziationen, Schlüsse aus dem Text zu ziehen, von denen der Text nichts weiß, sich über ihn zu ärgern, sich über ihn zu freuen, ihn zu vergessen, ihn zu plagiieren, und das Buch, worin er steht, zu einem beliebigen Zeitpunkt in die Ecke zu werfen«.

Nein, voranstehende Formulierungen stammen nicht mehr von Bettina von Arnim, sondern wurden über 150 Jahre später von Hans Magnus Enzensberger niedergeschrieben, um den »anarchischen Akt« der Lektüre zu charakterisieren. Sie beschreiben den Status quo des mittlerweile gängigen Leseverhaltens. Allerdings ist dieser freie, nicht reglementierte Gebrauch von Büchern nicht selbstverständlich, sondern hat sich in einem langwierigen Prozess gegen eine äußerst geordnete und mit Zwängen beschwerte Praxis durchgesetzt. Die letzten Anwälte einer Ordnung des Lesens sind heute Pädagogen und Geisteswissenschaftler. Zumal angesichts der Konkurrenz, welche die audiovisuellen Medien den traditionellen Druckerzeugnissen in Sachen Unterhaltung und Information machen, scheinen sie auf verlorenem Posten zu stehen.

Seit der prinzipiellen Liberalisierung des Leseverhaltens zwischen dem 17. und 19. Jahrhundert kann jede und jeder nicht nur über das Was und Wie, sondern auch über den Ort der Lektüre frei entscheiden. Nun geht es, wo immer man möchte: am liebsten zu Hause, in den Sessel gefläzt, im Bett oder auf dem Boden liegend, aber auch im Freien, am Strand oder unterwegs, in Zug oder Straßenbahn. Bereits Mitte des 18. Jahrhunderts berichtete ein deutscher Reisender aus der französischen Metropole von den zahllosen Gelegenheiten des Lesens: im Wagen, auf der Promenade, im Theater, in den Pausen, im Café, im Bad, in den Läden beim Warten auf die Kundschaft, am Sonntag vor der Haustür auf einer Bank sitzend, gar beim Spazierengehen ... Der stille Blick ins Buch erzeugte eine Aura der Intimität, die den Lesenden von seiner direkten Umwelt trennte und ihn doch mittendrin sein ließ. Heute wappnen sich Singles besonders während der Mahlzeiten gegen die Auffälligkeit des Alleinseins mit spannender Lektüre. Einige wenige Leser*innen bevorzugen nach wie vor die Lesesäle der Bibliotheken, wo man noch in derselben Haltung liest wie einst am Studierpult, aufrecht sitzend, das Buch vor sich liegend, die Arme auf dem Tisch, in vollständiger Konzentration auf den Inhalt des Buches, möglichst ohne störende Geräusche zu verursachen. Die Bibliothek ist ein guter Ort, um allein und doch unter Menschen zu sein, inmitten einer Gemeinschaft Gleichgesinnter, in der sich jeder mit etwas beschäftigt, das ausschließlich ihn angeht.

Im Bett lesen

Wenn es auch keinen privilegierten Ort der Lektüre mehr gibt, so existieren doch bevorzugte Rückzugsmöglichkeiten, die der ungezügelten und unbeschwerten Art des Lesens entgegenkommen. Eine davon ist das Bett, das schon bei der Schilderung des Zimmers der Bettina von Arnim eine prominente Rolle spielte. Seit Mitte des 18. Jahrhunderts zeigen mehr und mehr Gemälde die Lektüre im Bett als neue, typisch weibliche Gewohnheit.

Als junges Mädchen muss die französische Schriftstellerin Colette, so wird sie später in einem ihrer Romane erzählen, mit dem Vater, einem Kriegsveteranen, um die Lektüre streiten. Nicht dass dieser ihr bestimmte Bücher verbietet – Zweifel daran, was die Leidenschaft der Liebe in den Romanen mit dem gewöhnlichen Leben zu tun habe und ob bestimmte Bücher in Kinderhände gehören, äußert eher die Mutter. Der Vater hingegen greift sich alles Gedruckte, das irgendwo herumliegt, und schleppt das Erbeutete in die Höhle seiner Bibliothek, wo es auf Nimmerwiedersehen verschwindet. Was Wunder, dass das junge Mädchen früh lernt, die eigene Lektüre vor dem Vater zu verbergen. Tief in die Kissen ihres Bettes gesunken, liest Colette in jenen Büchern, die sie vor den Händen des Vaters und den Augen der Mutter geschützt hat. Das Bett ist ihre Zuflucht, im Bett zu lesen heißt, einen Kokon der Geborgenheit um sich herum zu spinnen.

Colette wird diesem Leseplatz ihr ganzes Leben lang treu bleiben. Überall und in allen Lebensphasen versucht sie, sich Orte und Zeitfenster zu erobern, in denen sie ungestört sein kann: allein mit einem Buch. In den letzten Lebensjahren, bedingt durch ihre Krankheit, verlässt sie das Bett kaum noch, das sie nun zärtlich ihr »Floß« nennt. Im Bett empfängt sie Besucher, feiert ihren 80. Geburtstag, liest und schreibt: Dafür hatte ihr die Prinzessin von Polignac eigens ein Pult geschenkt, das genau über das Bett passte.

Der Fotograf André Kertész hat 1971 in den USA ein Buch mit dem Titel »On Reading« publiziert. Es umfasst 65 Schwarz-Weiß-Fotografien, die bis auf wenige Ausnahmen Menschen bei der Lektüre zeigen, und kommt bis auf die Nachweise auf der letzten Seite ganz ohne Text aus. André Kertész hat seine Fotos von Lesenden auf der ganzen Welt aufgenommen, in Paris und New York, in Venedig, Tokio, Kioto, Manila, New Orleans, Buenos Aires und in einem Trappistenkloster. Das älteste Foto zeigt drei ärmlich gekleidete, vor Schmutz starrende Kinder, zwei von ihnen barfuß, die vor einer Mauer auf dem Boden sitzen und in größter Konzentration in ein Buch schauen, welches das mittlere

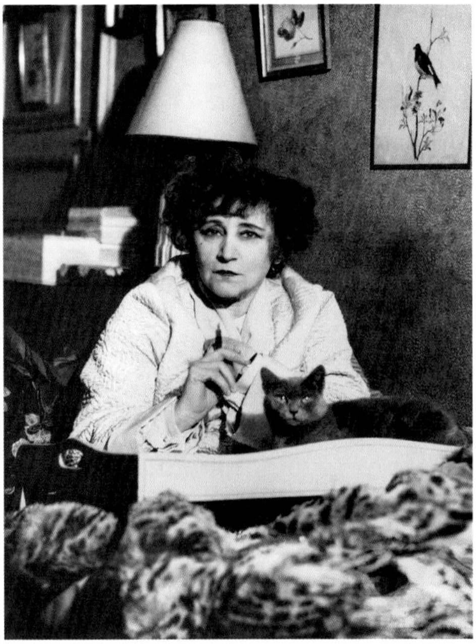

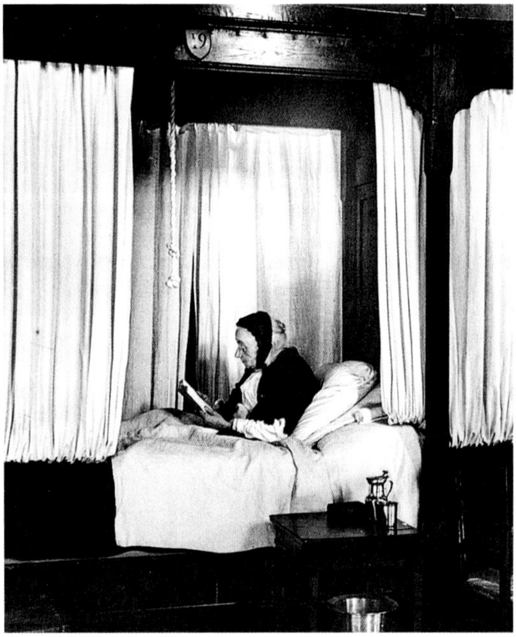

von ihnen auf den Knien hält. Das Foto ist 1915 in Ungarn entstanden, wo der 1894 geborene Fotograf als Andor Kertész aufwuchs und sich selbst das Fotografieren beibrachte. Und doch ist die Botschaft von »On Reading« nicht: Alle Welt liest alles Mögliche. Wohl wird bei Kertész an allen Orten der Welt und in allen möglichen und unmöglichen Situationen gelesen, immer aber ist der/die Leser*in ein ganz besonderes, man ist beinahe versucht zu sagen »erlesenes« Individuum. Kertész' Kamera isoliert ihn von seiner Umgebung, so wie er sich von ihr für und durch den Vorgang des Lesens isoliert. In der einsamen Masse ist er der introvertierte Einzelne, in der Menge der außengeleiteten Konsumenten der innengeleitete Müßiggänger. Unverwandt schaut er in sein Buch oder in die Zeitung und hinterlässt beim Betrachter den Eindruck von Unangreifbarkeit.

Die bekannteste Fotografie von »On Reading«, welche die Bildfolge beschließt, ist 1929 in einem Hospiz im burgundischen Beaune entstanden. Auf dem perfekt komponierten Bild sehen wir eine Greisin, die klein und zusammengesunken auf einem Bett sitzt, ein Buch in den Händen haltend, in dem

links: *Sidonie-Gabrielle Colette*, undatierte Fotografie
rechts: **André Kertész,** *Hospice de Beaune*, 1929

sie aufmerksam und konzentriert liest. Die schweren dunklen Balken und die gerafften hellen Vorhänge eines Baldachins verleihen der Szenerie etwas Theatralisches: Als wäre der Blick für einen Moment ungewisser Dauer freigegeben auf ein bedeutsames Schauspiel, an dessen Ende sich die Vorhänge ein für alle Mal schließen werden. Natürlich würde es einen gewissen Unterschied machen, wenn die alte Dame statt etwa in einem Gebetbuch in einem Drama von Racine oder gar einem zeitgenössischen Skandalroman lesen würde, doch die Frage, ob wir es mit einer frommen, gebildeten oder rebellischen Leserin zu tun haben, trifft nicht ins Zentrum dessen, was das Foto zeigt (»Don't think, look!«, soll Kertész gerne gesagt haben). Und was sehen wir auf dem Foto? Eine alte Frau, die in dem Bett, in dem sie über kurz oder lang sterben wird, weder betet noch deklamiert noch rebelliert, sondern liest. Lesen ist auf den Bildern von André Kertész eine existenzielle Gebärde, die sogar angesichts des bevorstehenden Todes noch Bestand zu haben scheint. Es ist nicht nur Anreiz oder Zeitvertreib, sondern hat seine eigene Wahrheit. »Man zieht sich auf sich selbst zurück, lässt den Körper ruhen, macht sich unerreichbar und unsichtbar für die Welt«, schreibt Alberto Manguel in seiner »Geschichte des Lesens«. »Solitude en hauteur«, erhabene Einsamkeit, hat Colette, von der André Kertész einige eindrucksvolle Porträts gemacht hat, diesen Zustand ein wenig ironisch genannt.

Das Glück des Lesens

Lesen ist ein Akt der freundlichen Isolation. Lesend machen wir uns auf taktvolle Weise unnahbar. Vielleicht ist es gerade das, was die Maler seit langer Zeit an der Darstellung Lesender reizt: Menschen in einem Zustand der tiefsten Vertrautheit zu zeigen, der nicht für Außenstehende bestimmt ist. Würde der Beobachter sich ihnen in Wirklichkeit nähern, wäre dieser Zustand augenblicklich bedroht. So gibt uns die Malerei zu sehen, was wir eigentlich nicht sehen können, oder doch nur um den Preis seiner Zerstörung.

Viel war im Voranstehenden von der grenzüberschreitenden, der rebellischen, der verändernden Kraft des Lesens die Rede. Das war nicht nur in der Vergangenheit so, als die Frauen das Lesen als Gegengift gegen die Zumutungen und Einschränkungen entdeckten, denen sie zeitlebens ausgesetzt waren. Frauen, die lesen, sind und bleiben, gefährlich. Doch in einer entgrenzten Welt, in der wir ständig mit an uns herandringenden Daten, Informationen, Nachrichten und Bildern konfrontiert werden, in denen die Störung nicht den Ausnahme-, sondern den Normalzustand darstellt, hat sich die Widerstandskraft des Lesens verändert: In dieser Welt des medialen Dauerbeschusses ist es nicht mehr so sehr der Blick nach draußen, sondern eher der nach innen gerichtete, der uns stark macht, der uns davor schützt, in einem permanenten Alarmzustand zu sein oder abzustumpfen.

Virginia Woolf, die unerschrockene moderne Schriftstellerin und Feministin, war auch eine leidenschaftliche Leserin. »Manchmal denke ich, der Himmel, das muß ein einziges fortwährendes unangestrengte Lesen sein«, schreibt sie aus einem Sommer auf dem Land beglückt an ihre Freundin, die Frauenrechtlerin Ethel Smyth. »Es ist eine körperlose, trance-artige, intensive Verzückung, die mich als Mädchen zu packen pflegte und mich hin und wieder mit einer Heftigkeit überkommt, die mich umwirft.« Lesen ist für Virginia Woolf eine Verteidigung des Innenraums: die Ausübung des Menschenrechts, Zeit für sich selbst zu haben, sich mit sich selbst beschäftigen zu dürfen und eine Nähe zu sich selbst herzustellen, die eine Quelle des Glücks sein kann. Psychologisch gesprochen geht es um Selbstregulation. Dazu gehört, sich von den anderen, ihren Erwartungen und Ansprüchen, abzugrenzen und für sich selbst zu sorgen.

Virginia Woolf war eine Schriftstellerin mit ausgeprägtem literarischem Bewusstsein, die an ihr eigenes Schreiben höchste Ansprüche stellte. Umso mehr fällt ihr Plädoyer ins Gewicht, beim Lesen diese Wertmaßstäbe hintanzustellen. Die Vorstellung einer Literatur, die sich ausschließlich aus guten Büchern zusammensetzt, hatte für sie etwas Menschenfeindliches, da es in die Isolation führe. Wir brauchen auch die »trivialen, kurzlebigen Bücher«, schreibt sie. »Das sind die Ankleidezimmer, die Werkstätten, die Seitenflügel, die Spülküchen, die brodelnden Kessel, in denen das Leben siedet und dampft und immerzu hochkocht«. Stets nur Aischylos, Goethe oder Keats zu lesen, überfordert uns nicht nur, es stumpft auch unseren Geist ab. Und so verteidigt sie das Vergnügen an Trivialliteratur, an »Glücksfunden und Zufallslektüren«: »Ich durchwühle die Bibliotheken & finde sie voller verborgener Schätze«.

In ihrem Essay »Wie sollte man ein Buch lesen« gibt Virginia Woolf Leserinnen wie Lesern den einzigen Rat, den ihrer Ansicht nach ein Mensch einem anderen in puncto Lesen geben könne: nämlich »auf keinen Rat zu hören, dem eigenen Instinkt zu folgen, den eigenen Verstand zu gebrauchen, eigene Schlüsse zu ziehen«. Das genau ist es, was die lesenden Frauen – bis heute – so gefährlich für alle Autoritäten, Gesetze und Konventionen macht.

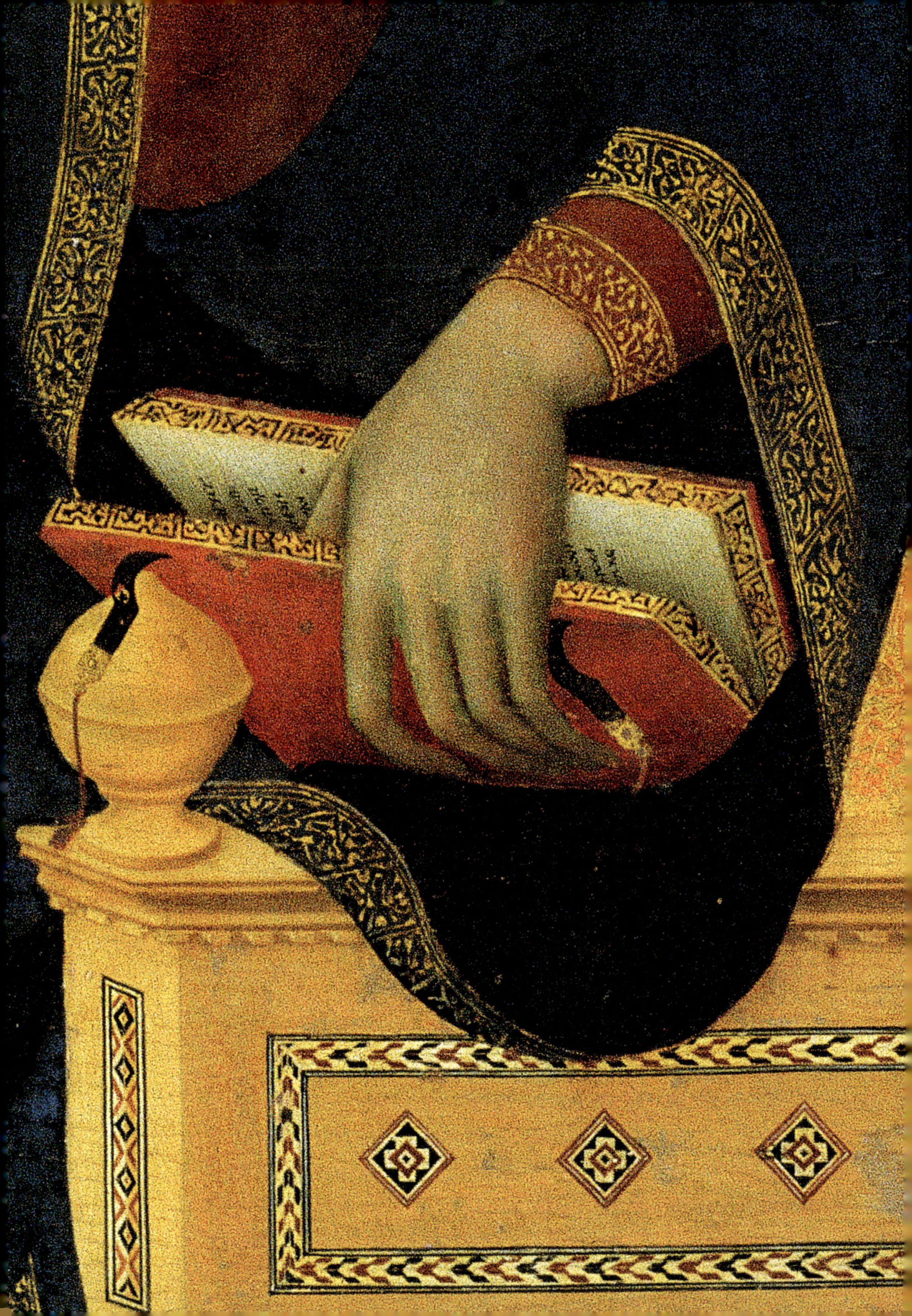

Wo das Wort wohnt

Begnadete Leserinnen

Das Christentum ist eine Religion des Buches. Bereits in der Spätantike wurde Christus mit einer Buchrolle dargestellt. Die Bibel, das »Buch der Bücher«, enthält Geschichtsbücher, Lehrbücher und prophetische Bücher. Traditionell gehört das Buch als religiöses Symbol in die Hand von Männern: von Christus, den Aposteln, den Märtyrern und Heiligen, von Predigern, Mönchen, Schutzpatronen und Kirchenfürsten. Es ist Gefäß der göttlichen Gnade und Träger geistiger Autorität.

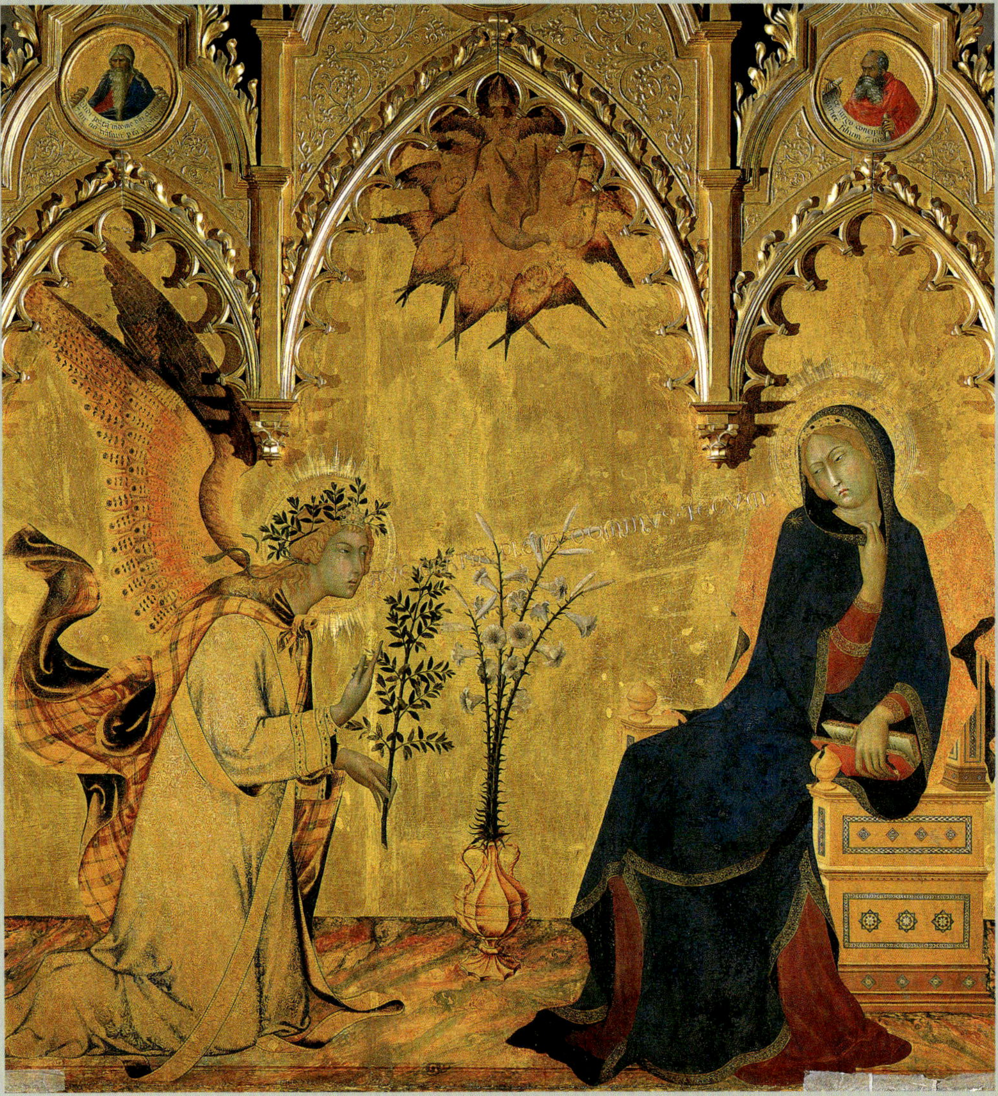

Simone Martini, um 1280/85–1344

Verkündigung an Maria, 1333, Uffizien, Florenz

Simone Martini

Darstellungen der Verkündigung an Maria waren im 14. Jahrhundert keine Seltenheit. Doch so wie Simone Martini aus Siena hatte das vor ihm keiner gezeigt. Die Gewänder und Flügel des Engels sind in glänzendes Gold getaucht. Seine Lippen sind leicht zum Sprechen geöffnet, und was er zu sagen hat, steht auf Schriftbändern; eines davon führt zu Marias Ohr: »Sei gegrüßt, voll der Gnade, der Herr ist mit dir. Siehe, du wirst empfangen im Mutterleib. Fürchte dich nicht, Maria.«

Schon zeitgenössischen Betrachtern des Bildes ist Marias verschreckte Haltung aufgefallen. Es ist, als ob sie vor der Macht der Worte des Engels in »ihre« Ecke ausweicht. In Marias Erschrecken liegt etwas von Abwehr, verbunden mit einer seltsamen Gleichgültigkeit. Fast als wollte sie sich von dem Geschehen abwenden, rafft sie den Mantel vor der Brust zusammen. Das rote Buch, Symbol ihrer Weisheit, in dem sie gerade gelesen hat, hält sie mit dem Daumen einen Spalt offen. Format und Ausstattung des Buches deuten darauf hin, dass es sich um ein Stundenbuch handelt, das im späten Mittelalter von Wohlhabenden als individuelle Andachtsbücher für Laien benutzt wurden und oftmals auch dazu dienten, Kindern das Lesen beizubringen.

So sehen wir in dieser Verkündigung auch der Geburt von etwas Neuem zu: Martinis Maria ist eine kluge Frau und längst nicht mehr die naive Unschuldige, als die sie die Theologen gerne sahen. Sie beherrscht etwas, das im Spätmittelalter zur Gewohnheit der Gebildeten wird: still zu lesen und sich so das Wissen aus freien Stücken anzueignen – durch Lektüre und Studium. Und wer so vertieft ist in ein Buch wie diese Maria, der erschrickt schon mal, wenn man stört.

Hugo van der Goes

Wir sehen den rechten Seitenflügel eines Altarbilds, das der Genter Meister Hugo van der Goes im Auftrag des Florentiners Tommaso Portinari gemalt hat. Das Triptychon mit den gewaltigen Ausmaßen von zweieinhalb mal sechs Metern gehört zu den beeindruckendsten Zeugnissen altniederländischer Malerei in Italien. Der Stifter Portinari leitete zwischen 1465 und 1480 in Brügge das Handelshaus der Medici und gab dort das für einen Altar in Florenz bestimmte Werk in Auftrag. Während die Haupttafel das Geschehen der Geburt Jesu zeigt, stellen die beiden Seitenflügel das Stifterpaar mit seinen Kindern dar. Dabei hat der Maler auf den damals bereits veralteten Brauch zurückgegriffen, die Stifter kleiner als ihre Schutzheiligen abzubilden; von den Figuren der heiligen Margareta und Maria Magdalena, die hinter Portinaris Ehefrau Maria Baroncelli und ihrer erstgeborenen Tochter Margherita aufragen, geht so eine gebieterische Strenge aus.

Die ganz in Rot gewandete heilige Margareta hält in ihrer Linken ein aufgeschlagenes Buch. Doch blickt sie nicht auf die Buchseiten; das Buch ist hier vielmehr Symbol des Glaubens und erfüllt zusammen mit dem Kreuz die Funktion eines Abwehrzaubers. Dieser richtet sich gegen den Drachen zu Füßen der Heiligen, in dessen Maul wir einen ihrer beiden Pantoffeln erblicken können. Der Legende nach erhielt die Märtyrerin Margareta im Kerker Besuch vom Teufel in Gestalt eines Drachen, der sich auf sie stürzen wollte und sie in einer Version der Geschichte sogar verschlang; doch Margareta konnte ihn durch das Kreuzeszeichen bezwingen. Auf dem Altarbild von van der Goes wird die schützende Wirkung des Kreuzes verstärkt durch den Verweis auf das Buch mit der Heiligen Schrift.

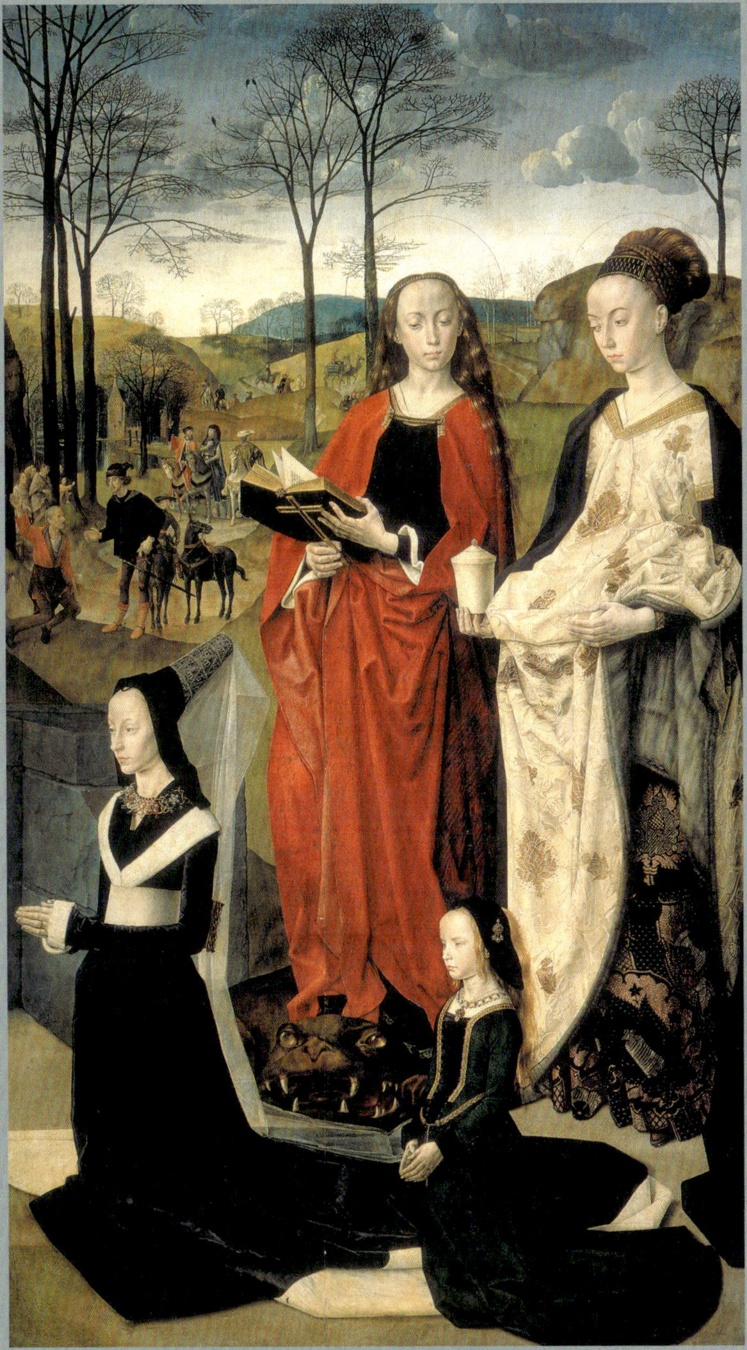

Hugo van der Goes, um 1440–1482

Portinari-Altar, 1476,Uffizien, Florenz

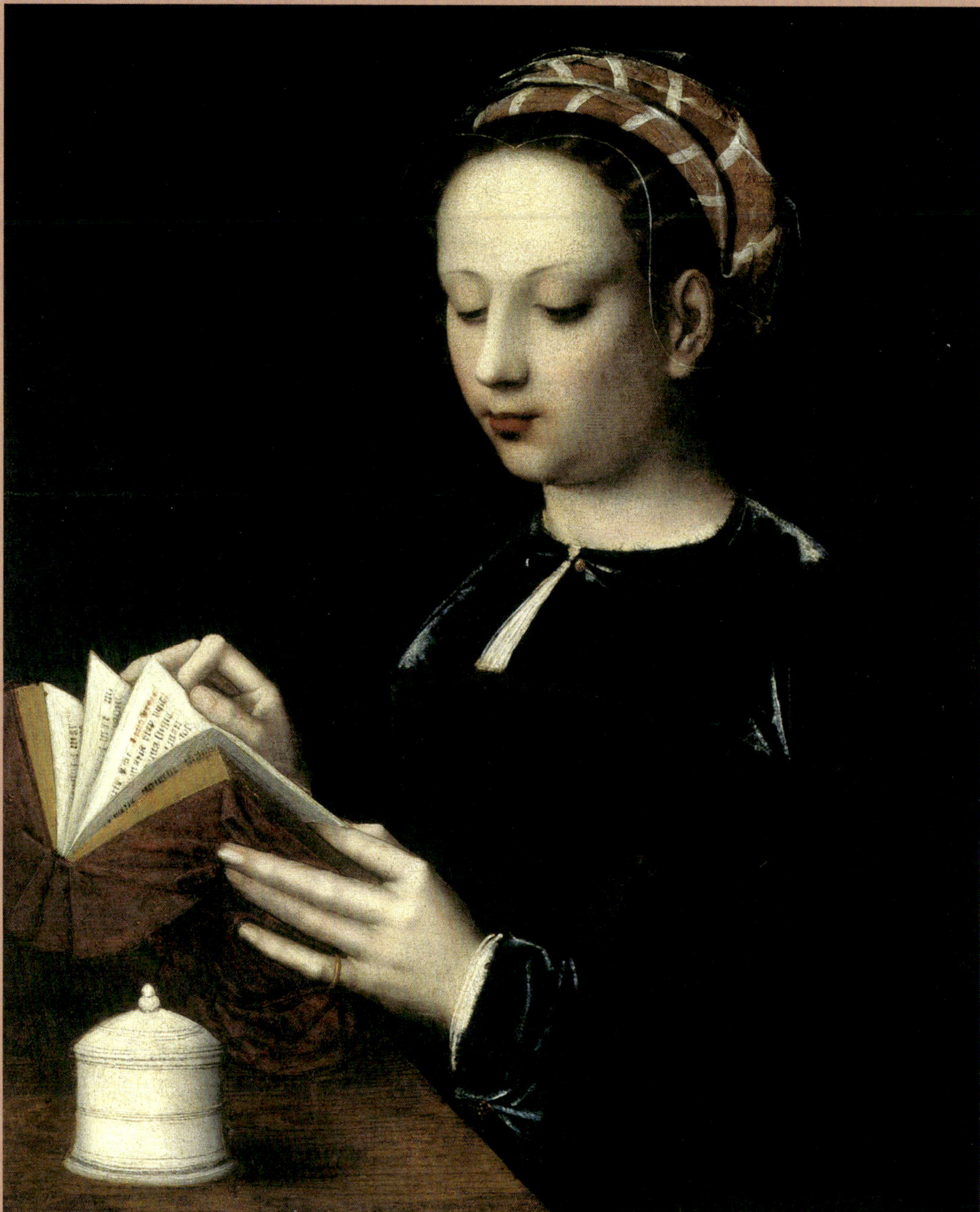

Ambrosius Benson, um 1495–1550

Die lesende Maria Magdalena, 1540,
Ca' d'Oro, Galleria Franchetti, Venedig

Ambrosius Benson

Das Salbgefäß, das die Maria Magdalena des Portinari-Altars in ihrer Rechten hält, steht hier auf einem Tisch. Vor allem dieses Attribut weist darauf hin, dass wir es auch bei dieser lesenden jungen Frau mit einer Verkörperung der Heiligen zu tun haben. Seit dem 13. Jahrhundert erfreute sich die Figur der Maria Magdalena als Sünderin und Büßerin großer Popularität. Mit ihr identifizierte man die Prostituierte, der Jesus im Haus des Pharisäers ihre Sünden vergibt. Zuvor hat sie seine Füße mit Tränen benetzt, mit ihren Haaren getrocknet und schließlich geküsst und gesalbt – so berichtet es das Lukas-Evangelium.

Das Buch in Verbindung mit Maria Magdalena taucht nicht vor dem 15. Jahrhundert auf. Anders als die Attribute Totenkopf und Spiegel, die später hinzutreten, steht es zunächst nicht für die Zweideutigkeiten des weltlichen Lebens, sondern im Gegenteil für deren Überwindung durch züchtige Kontemplation. Doch schon bald wird Maria Magdalena die kirchliche Sphäre verlassen und als schöne, häufig gar nicht oder kaum noch bekleidete junge Frau auf den Leinwänden wieder auftauchen – gerne auch mit einem Buch in der Hand.

Ambrosius Benson, ein in Norditalien gebürtiger und dann als Freimeister in Brügge tätiger Maler, hat dem Zeitgeschmack entsprechend häufig allegorische Frauenporträts, darunter auch eine Reihe von Magdalenen gemalt. Sie wurden nach Spanien und Italien exportiert und auf den Januar- und Maimärkten in Brügge verkauft. Die hübsche junge Frau, die andächtig in das in roten Samt eingeschlagene Buch blickt, hatte für den zeitgenössischen Betrachter die allegorische Bedeutung eines Eheversprechens.

Michelangelo Buonarroti

Die Renaissance erweckte die Geschichten und Figuren der Mythologie zu neuem Leben. In seinem gewaltigen Fresko in der Sixtinischen Kapelle brachte Michelangelo Propheten des Alten Testaments und heidnische Sibyllen zusammen.

Sibyllen waren die Prophetinnen der Antike: Frauen, die künftige, meist erschreckende Ereignisse voraussagten. Ihre Beinamen erinnerten an ihre Wirkungsstätte; so soll die Cumäische Sibylle in einer Orakelhöhle in Cumae im italienischen Kampanien geweissagt haben. Ovid erzählt von dieser Sibylle, Apollon habe sie mit Geschenken bestechen wollen, um sie zu verführen. Als sie darauf um so viele Lebensjahre bat, wie eine Handvoll Staub Sandkörner enthält, vergaß sie zu wünschen, es sollten immerfort Jugendjahre sein. So ist sie die längste Zeit ihrer tausend Lebensjahre eine gebrechliche Greisin, bis ihre einst große und schöne Gestalt so winzig und ausgezehrt ist, dass niemand mehr sie sehen kann und man nur noch ihre Stimme erkennt. Michelangelo zeigt sie uns lange vor diesem Endstadium. Zwar ist ihr Leib schon stark gealtert und ihr Gesicht tief zerfurcht, aber ihre mächtigen und muskulösen Arme erinnern an die eines jungen, kräftigen Mannes.

Die berühmteste Geschichte um die Cumäische Sibylle handelt von den neun prophetischen Büchern, die sie Tarquinius Superbus, dem letzten König von Rom, zu einem hohen Preis zum Kauf anbietet. Als dieser ablehnt, verbrennt sie erst drei und dann nochmals drei, bis Tarquinius den vollen Preis für die verbliebenen drei Bücher entrichtet. Aus einem dieser weissagenden Bücher liest Michelangelos Sibylle, halb Hexe, halb Gigantin, unser aller Zukunft; doch scheinen die Seiten leer zu sein.

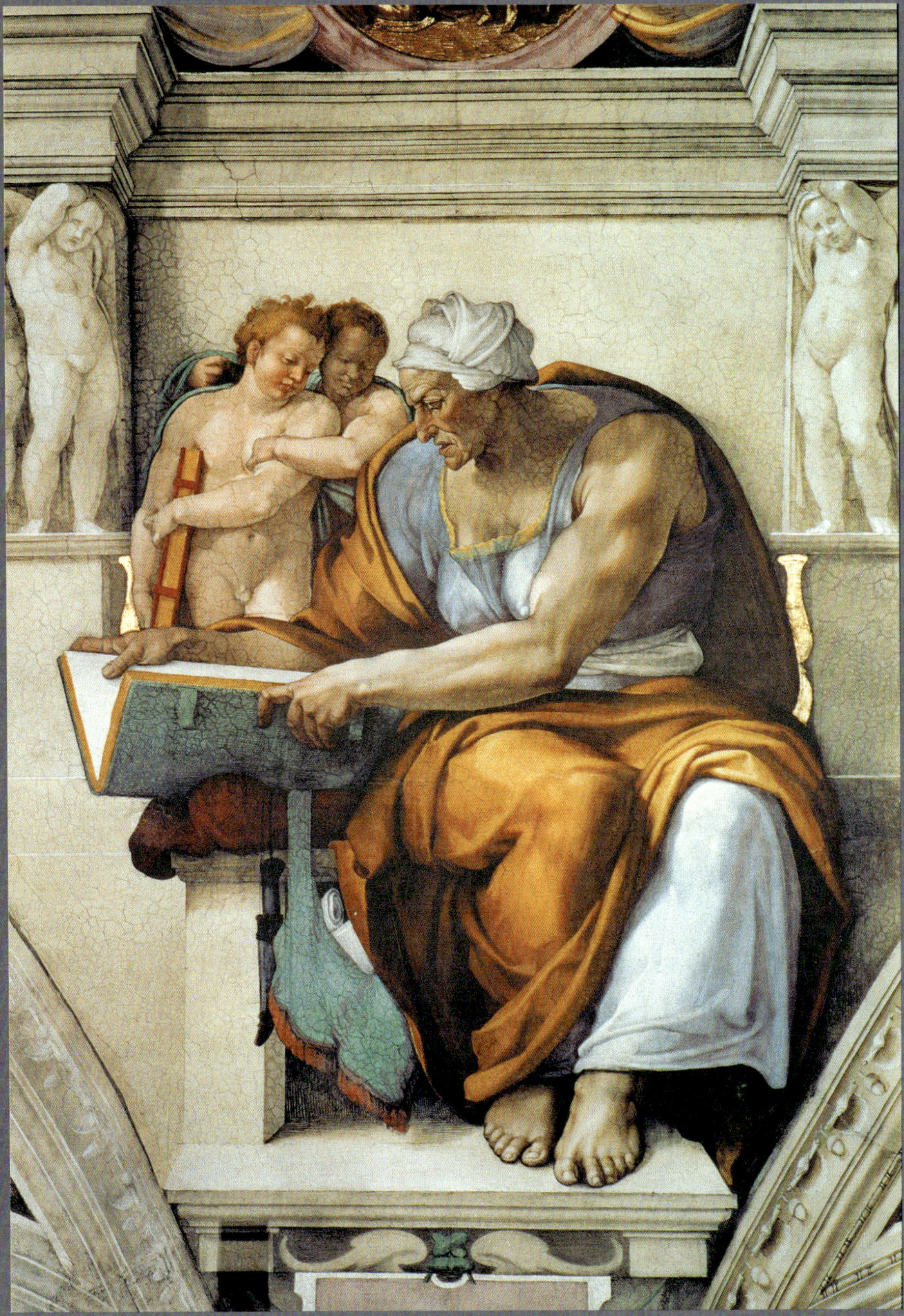

Michelangelo Buonarroti, 1475 – 1564

Cumäische Sibylle, um 1510, Sixtinische Kapelle, Rom

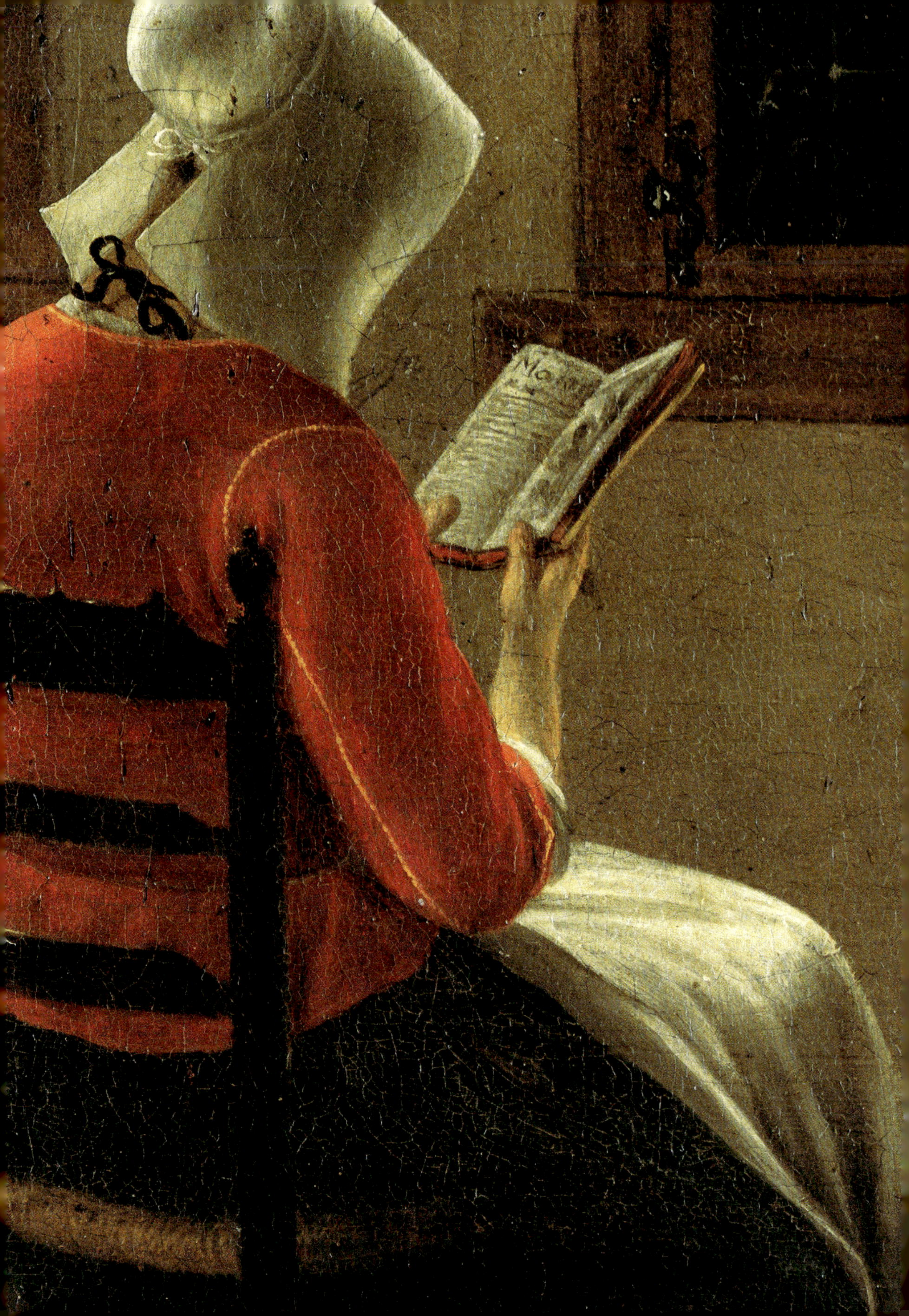

Intime Momente

Verzauberte Leserinnen

In den europäischen Gesellschaften vor dem 16. Jahrhundert hat Intimes kaum je einen Platz. Bei der dann erfolgenden allmählichen Herausbildung einer Intimsphäre spielt das Leseverhalten eine große Rolle. Die still lesende Frau geht einen Bund mit dem Buch ein, welcher der Kontrolle durch die Gesellschaft und die nächste Gemeinschaft entzogen ist. Sie erobert sich einen Freiraum, zu dem nur sie selbst Zutritt hat, und verschafft sich dadurch ein unabhängiges Selbstwertgefühl. Und sie beginnt sich ihr eigenes Bild von der Welt zu machen, das mit dem der Tradition und des Mannes nicht übereinstimmen muss.

Domenico Fetti

Sendi Domenico Fetti, dem dieses einfache Bild eines einfachen Mädchens zugeschrieben wird, war ein Maler des Übergangs: Unter seiner Hand verwandelten sich Szenen der Mythologie und Heiligengeschichten in Genreszenen und erlangten eine neue Diesseitigkeit. Fetti entmythologisierte den Mythos und verweltlichte die Religion; er erprobte eine detailgenaue, fast schon naturalistische Auffassung der Realität. In seinen Bildern zeigt sich, dass die Darstellung einer menschlichen Tugend nicht an einen Kanon überlieferter Attribute und Symbole gebunden ist, sondern allein schon durch eine bestimmte Haltung, einen bestimmten Blick, eine bestimmten Lichtregie zum Ausdruck gebracht werden kann.

Die äußerst detaillierte Wiedergabe des Faltenwurfs der ärmlichen Kleidung der jungen Frau verleiht ihrem Äußeren etwas von Großzügigkeit und Würde, die sie in eine Reihe mit Personen von Rang stellt. Im gleichen Jahr 1620 hat Fetti seine berühmte Melancholie-Darstellung gemalt: Sie zeigt eine weibliche Figur, die, den Kopf in die Hand gestützt und in Gedanken versunken, in einer Ruine vis-a-vis eines Totenschädels über die Vergänglichkeit der irdischen Dinge meditiert. Das angebissene Stück Brot am linken unteren Bildrand unseres Bildes erinnert ein wenig an den Schädel der Melancholie; und genauso wie Fettis Melancholie-Figur lange Zeit für eine büßende Maria Magdalena gehalten wurde, mag zeitgenössischen Betrachtern sein lesendes Mädchen auch als Verkörperung einer Büßerin erschienen sein. Wir nehmen heute eher die beinahe unbeschreibliche Anmut dieser jungen Leserin wahr; sie gibt uns ein Gefühl davon, dass Lesen jenem magischen Gürtel gleichen kann, der die Kraft besitzt, dem, der ihn trägt, Anmut zu verleihen und Liebe zu erwerben.

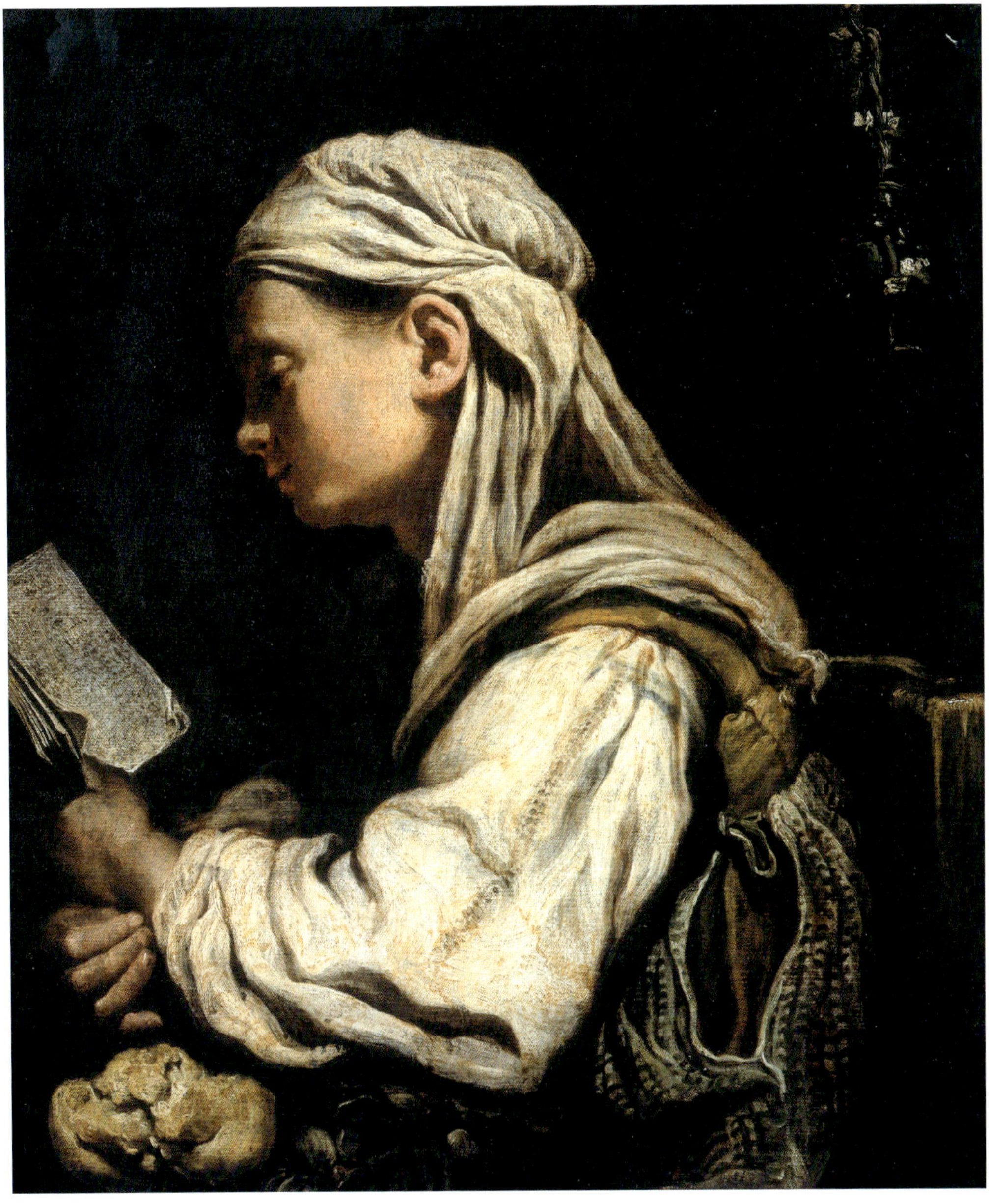

Domenico Fetti, 1589–1624

Lesendes Mädchen, um 1620 (Fetti zugeschrieben)
Galleria dell'Accademia, Venedig

Rembrandt van Rijn

Rembrandt hat sich zeitlebens mit dem Phänomen des Alters auseinandergesetzt. Schon in jungen Jahren entstehen Bildnisse von Greisinnen und Greisen, die gezeichnet sind von den Spuren gelebten Lebens und zunehmender Gebrechlichkeit. Dabei ist sein Modell sicher nicht die eigene Mutter, wie der geläufige Titel dieses Bildes nahelegt. Rembrandts Zeitgenosse Jan Lievens (1607–1674) hat für sein Bild einer alten, lesenden Frau das gleiche Modell verwendet, ihr allerdings einen Kneifer auf die Nase gesetzt. Beide Frauen lesen in der Bibel. Rembrandt hat den Körper seiner Greisin in üppigen Stoff gehüllt: Nur die Hand und das zerfurchte Gesicht schauen hervor. Das mächtige Alte Testament scheint zu leuchten; dabei liegt die runzlige Hand der aufmerksam die Schrift studierenden Frau flach auf der Buchseite: Auf diese Weise markieren ältere Menschen, denen das Lesen Mühe bereitet, die zu lesende Zeile; die Gebärde ist aber auch Ausdruck der intimen Beziehung der Lesenden zur Schrift.

Entgegen unserer geläufigen Ansicht hatte die Antike die Frage nach der Würde des Alters und der Alten verneint. Die Alten hätten ihre Funktion erfüllt, indem sie im Staat tätig waren und Nachkommen zeugten. Rembrandts Bild hingegen stellt eine direkte Beziehung zwischen Aufgabe, Würde des Alters und Autorität der Schrift her, die viele hochbetagte Prophetinnen und Propheten kennt. Nichts könnte weniger überflüssig sein als das demütige Studieren der Bibel; anderer Verpflichtungen ledig, besteht darin die Würde des Alters. Die Autorität des Buches und die innere Sammlung der Greisin entsprechen einander. Es liegt darin ein Freiwerden von den bislang erfüllten Rollen und Verpflichtungen.

Rembrandt van Rijn, 1606–1669

Alte lesende Frau, 1631, Rijksmuseum, Amsterdam

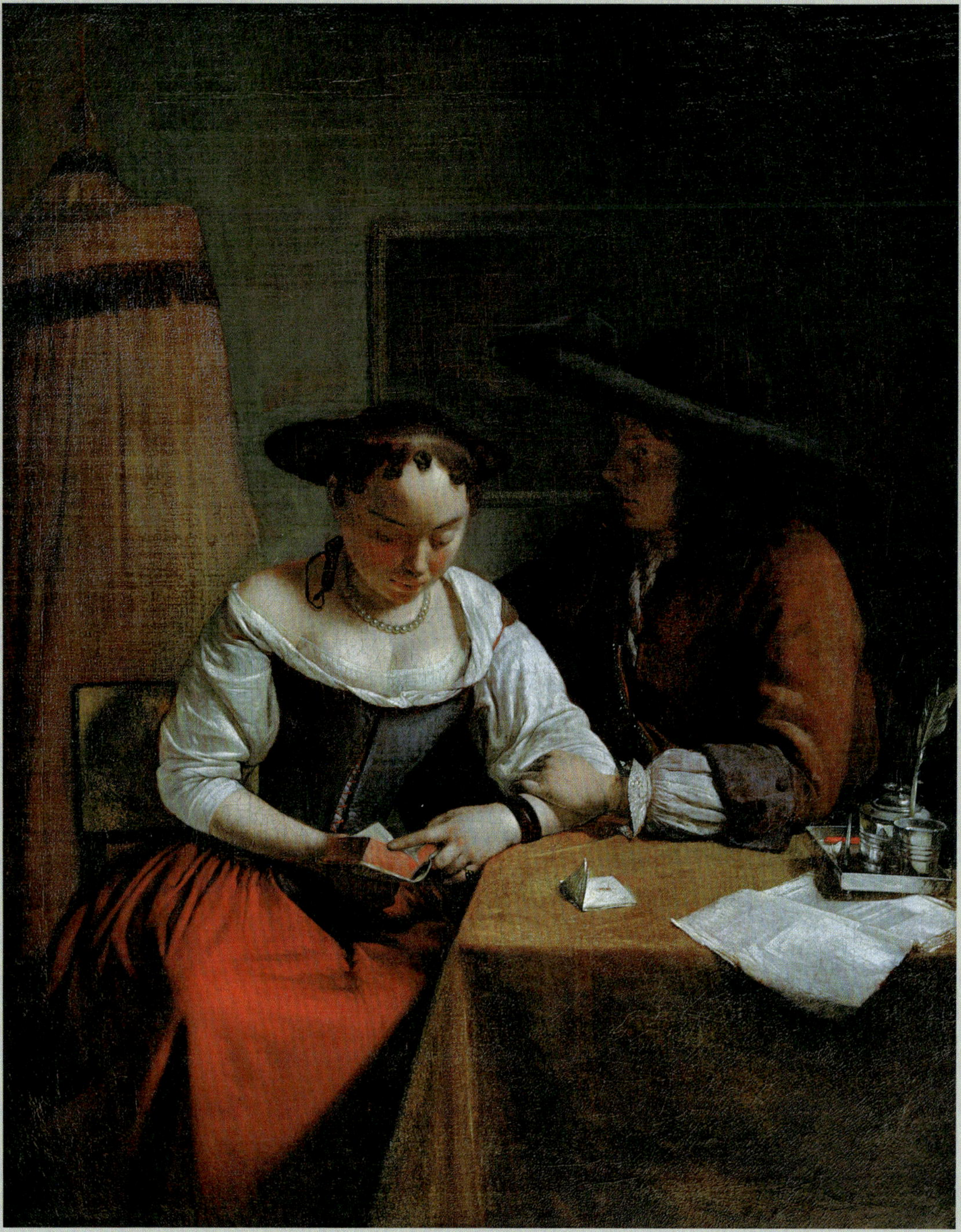

Jacob Ochtervelt, 1634/35–1708/10

Der Liebesantrag an die Lesende, 1670, Staatliche Kunsthalle, Karlsruhe

Jacob Ochtervelt

Der Brief war in den Niederlanden des 17. Jahrhunderts groß in Mode gekommen. In keinem anderen Land Europas konnten so viele Bürger lesen und schreiben, und der Schriftverkehr wurde in wirtschaftlichen und politischen, aber auch privaten und intimen Beziehungen immer wichtiger. Handbücher der Briefschreibekunst und kalligrafische Musterbücher kamen auf den Markt; entscheidend für den Erfolg von Briefschaften war nicht nur, die gemäße Ausdrucksweise zu wählen, sondern auch lesbar und ästhetisch ansprechend zu schreiben. Rasch begannen auch Briefschreiber und -leser – mehr schreibende Männer als Frauen und mehr lesende Frauen als Männer – die Welt der Malerei zu bevölkern. Berühmt sind die Bilder von Jan Vermeer, Gerard ter Borch und Pieter de Hooch.

Das nebenstehende Gemälde gehört in diesen Umkreis und geht zugleich darüber hinaus. Es ist eines der wenigen der Zeit, das Medien in Konkurrenz miteinander zeigt – in diesem Fall Buch, Brief und Gespräch. Offensichtlich wiederholt der Mann in mündlicher Form den Liebesantrag, den er bereits einem auf dem Tisch liegenden Brief anvertraut hat. Dass das rote Briefsiegel gebrochen ist, deutet darauf hin, dass die Frau den Inhalt zur Kenntnis genommen hat. Allerdings fährt sie, scheinbar ungerührt, in ihrer Lektüre fort, die ihr wichtiger als jeder schriftliche oder mündliche und auch jeder andere Verkehr (man beachte das Bett im Hintergrund) zu sein scheint, und das, obwohl sie einen alles andere als spröden Eindruck macht. Das Bild zeigt: Die Frau genießt die Aufmerksamkeit, aber sie gibt dies nicht zu erkennen, indem sie sich in ihre Lektüre vertieft – oder wenigstens so tut, als ob.

Pieter Janssens Elinga

In die Lektüre eines Bestsellers der damaligen Zeit versunken, wendet die Zofe dem Betrachter des Bildes den Rücken zu. Statt ihren Arbeitspflichten nachzukommen, gibt sie ihrer Leselust nach. Das genussvolle Erleben der eigenen emotionalen Bewegtheit vermittelte den Leserinnen ein neues, beglückendes Bewusstsein ihrer selbst, das sich bei der Erfüllung der ihnen zugewiesenen sozialen Rolle niemals einstellte.

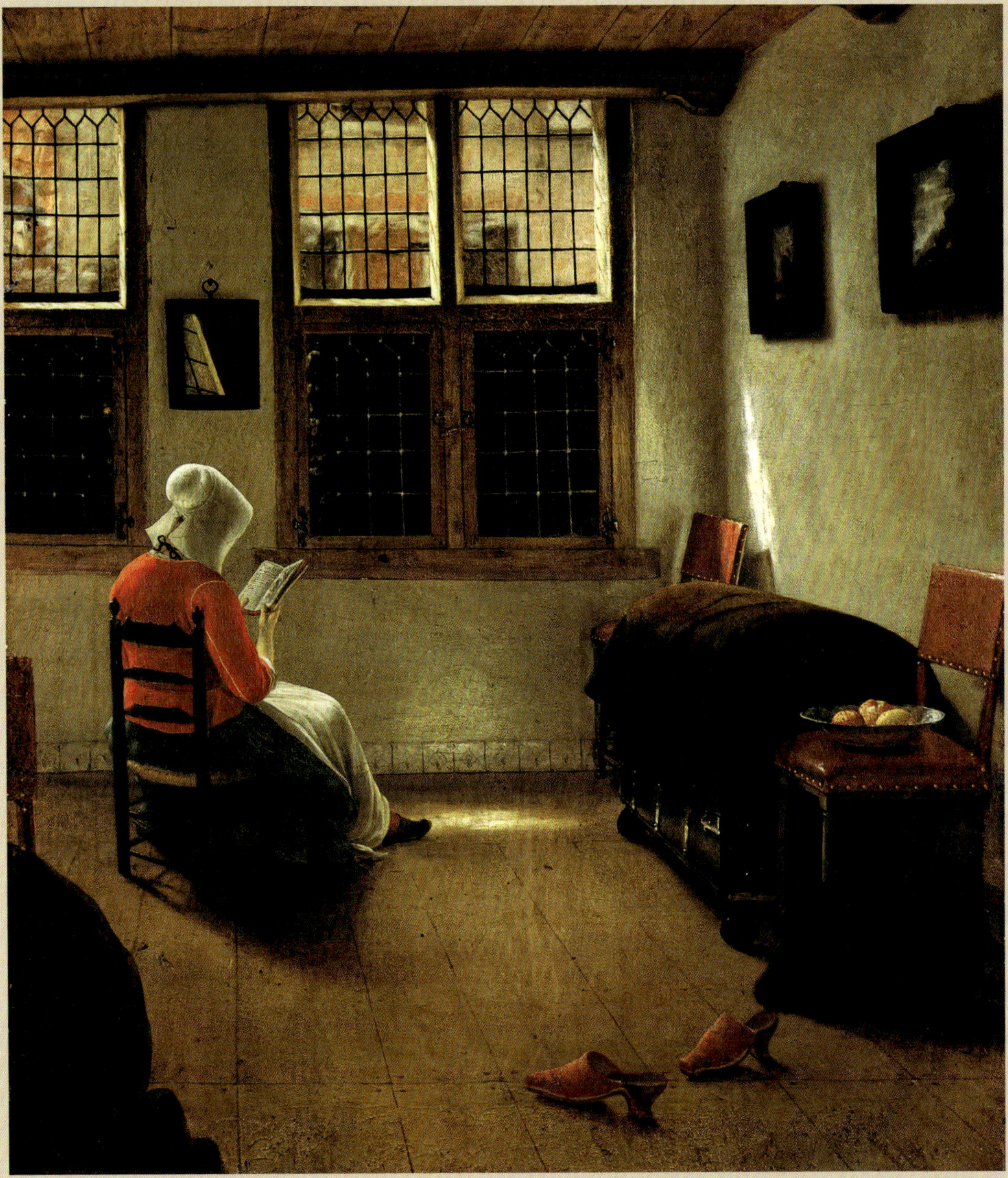

Pieter Janssens Elinga, 1623–1682

Lesende Frau, 1668/70, Alte Pinakothek, München

Jan Vermeer

Die möglicherweise schwangere Frau steht am (unsichtbaren) Fenster und liest einen Brief, den sie wohl von ihrem Mann bekommen hat. Die Karte von Südostholland an der Wand im Hintergrund verweist auf den abwesenden Schreiber. Die Lippen der Frau sind leicht geöffnet, so als würde sie den Inhalt des Briefes halblaut vor sich hin sprechen – Hinweis auf die Intensität, mit der sie das Gelesene aufnimmt, vielleicht aber auch auf die Mühe, die ihr die Entzifferung des Briefes macht. Wie in einer schützenden Hülle ist diese Leserin in einer Aura der Intimität geborgen.

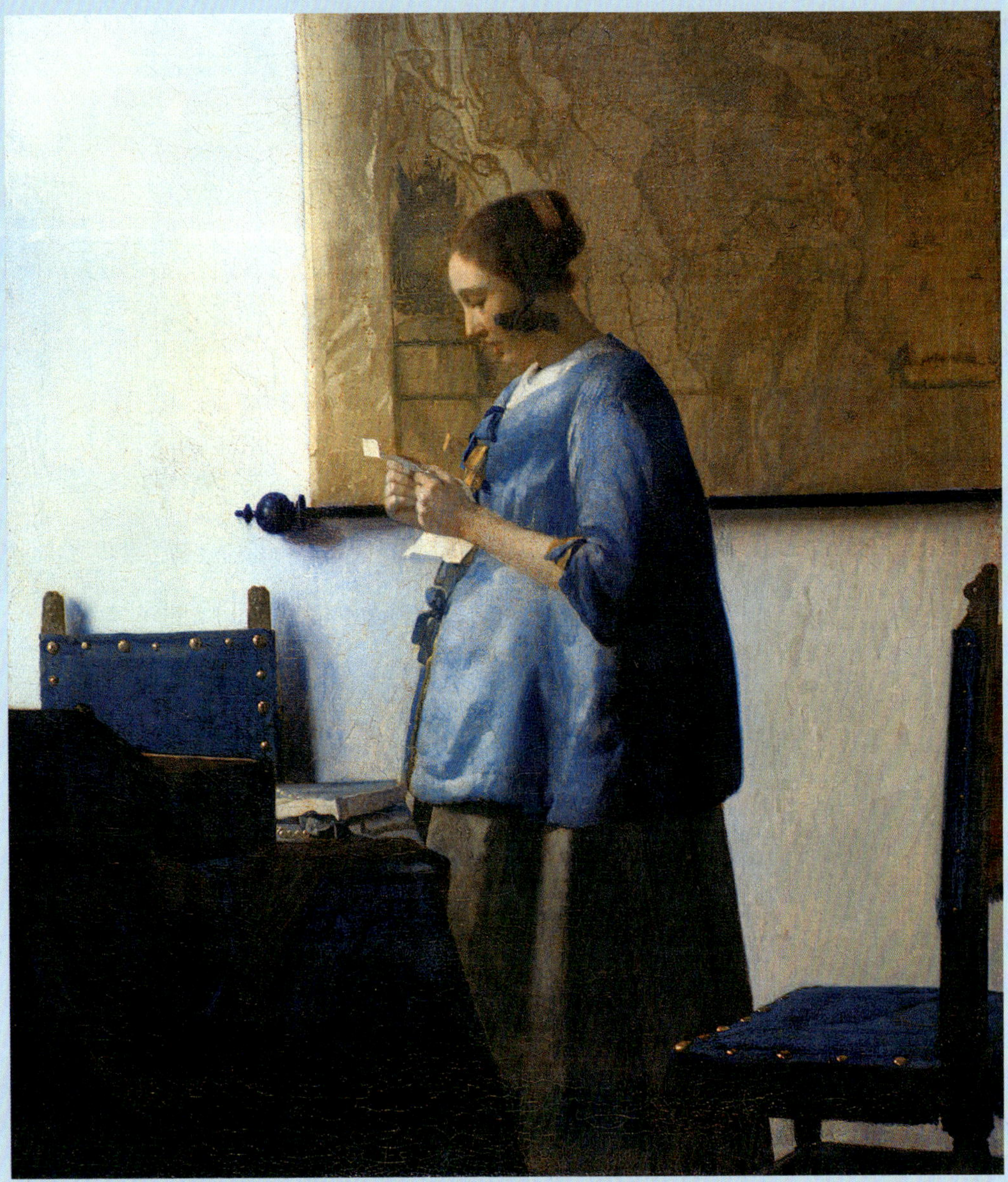

Jan Vermeer, gen. Vermeer van Delft, 1632–1675

Briefleserin in Blau, um 1663/64, Rijksmuseum, Amsterdam

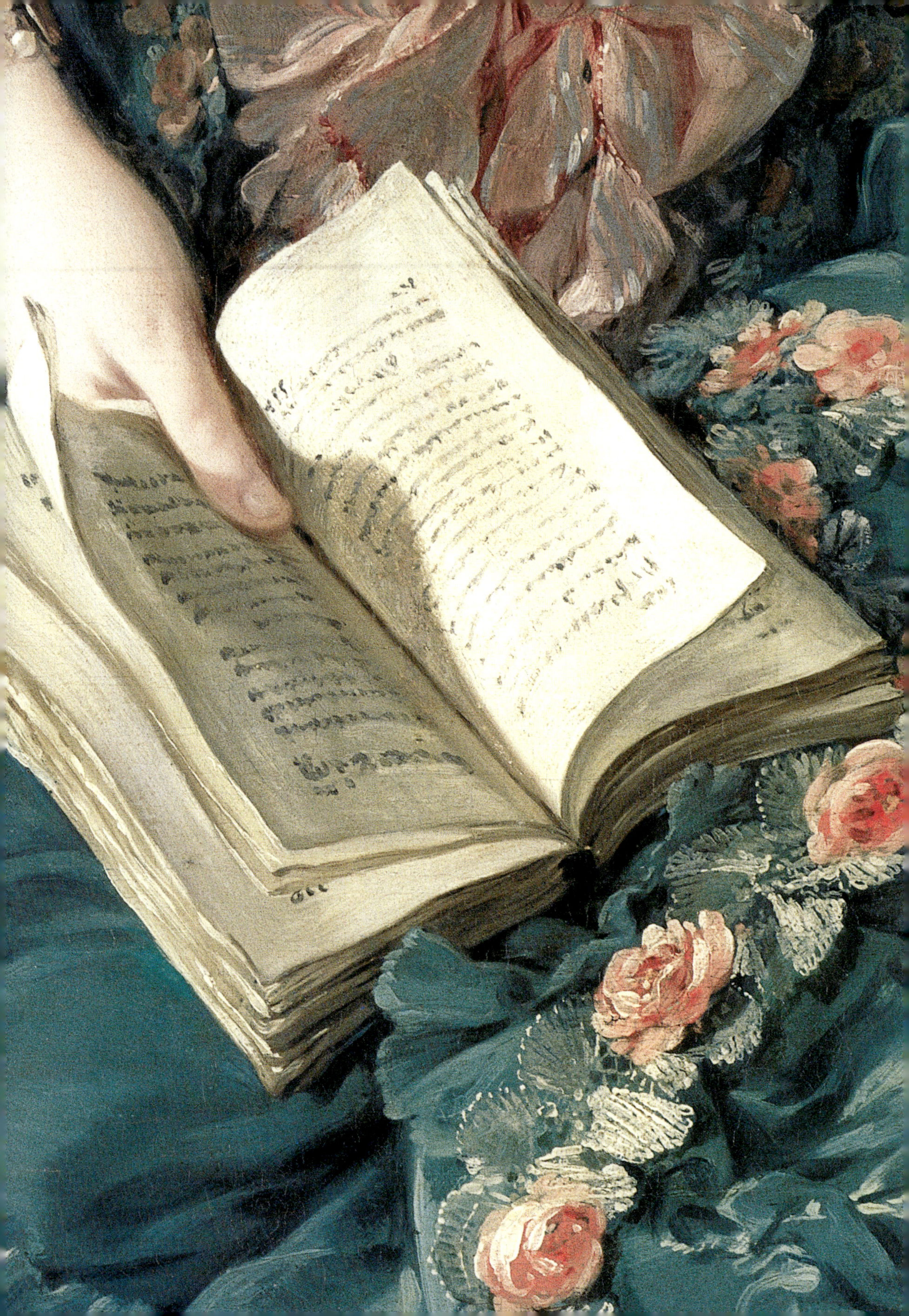

Residenzen des Vergnügens

Selbstbewusste Leserinnen

Sicherlich ist es eine Übertreibung, zu sagen, man habe sich im 18. Jahrhundert hauptsächlich vergnügt und amüsiert. Wohl aber hat man im Zeitalter von Rokoko und Aufklärung mit dem Gedanken an das Vergnügen gelebt. Vorbei die Zeiten, in denen die Leser sich angestrengt über schwere Folianten beugten. Die Bücher lagen nun leicht in der Hand, und die Lektüre von Poesie und Romanen zählte zu einem neuen Zeitvertreib, den das Privatleben bieten konnte. Lesen vertrieb nicht nur die Langeweile – es wurde auch zum Erlebnis individueller Freiheit.

François Boucher

Die Marquise de Pompadour, die wegen ihres verschwenderischen Lebensstils vom Volk verachtete Mätresse Ludwigs XV., stammte selbst aus bürgerlichen Verhältnissen. Von ihrem 24. Lebensjahr an prägte die uneheliche Tochter eines Pariser Kaufmanns den Geschmack des höfischen Frankreich. Als sie 1756 zur Hofdame der Königin ernannt wurde, beauftragte sie François Boucher, den zukünftigen »Ersten Maler des Königs«, mit ihrem offiziellen Porträt.

Nichts ist zufällig auf diesem Bild: Alles soll von Lässigkeit zeugen – neben Luxus und Geschmack das dritte unerlässliche Kriterium bei der Einrichtung des Boudoirs; kein Wunder, dass es Zeitgenossen als »Residenz der Wollust« erschien. Die Hauptperson lagert in großer Hoftoilette auf einem Kanapee, das vor eine Spiegelwand gerückt ist. Darin erblicken wir einen reich verzierten Bücherschrank, dessen Bände das Wappen ihrer Besitzerin tragen. Alles auf diesem Bild ist intim und alles inszeniert. Schon lange vor der Geburt der Massenmedien zeigt es uns eine Welt der Zurschaustellung von Wünschen und Leidenschaften. Noch ist es das Buch, das im Reich des Vergnügens Regie führt. Soeben blickt die Marquise von der Lektüre auf; mit dem Zeigefinger der rechten Hand hält sie das Buch aufgeschlagen. Ihr rechter Unterarm und der Buchfalz befinden sich exakt auf der Bilddiagonale, die von links oben nach rechts unten führt, wo schon andere Bücher verstreut herumliegen. Wenn auch dieses ihr entgleitet, wird der Platz auf ihrem Schoß frei. Vielleicht für das Hündchen, das zu ihren Füßen sitzt und sich mit dem Kopf der Marquise auf der anderen Bilddiagonale befindet? Aber nur so lange, bis der König kommt.

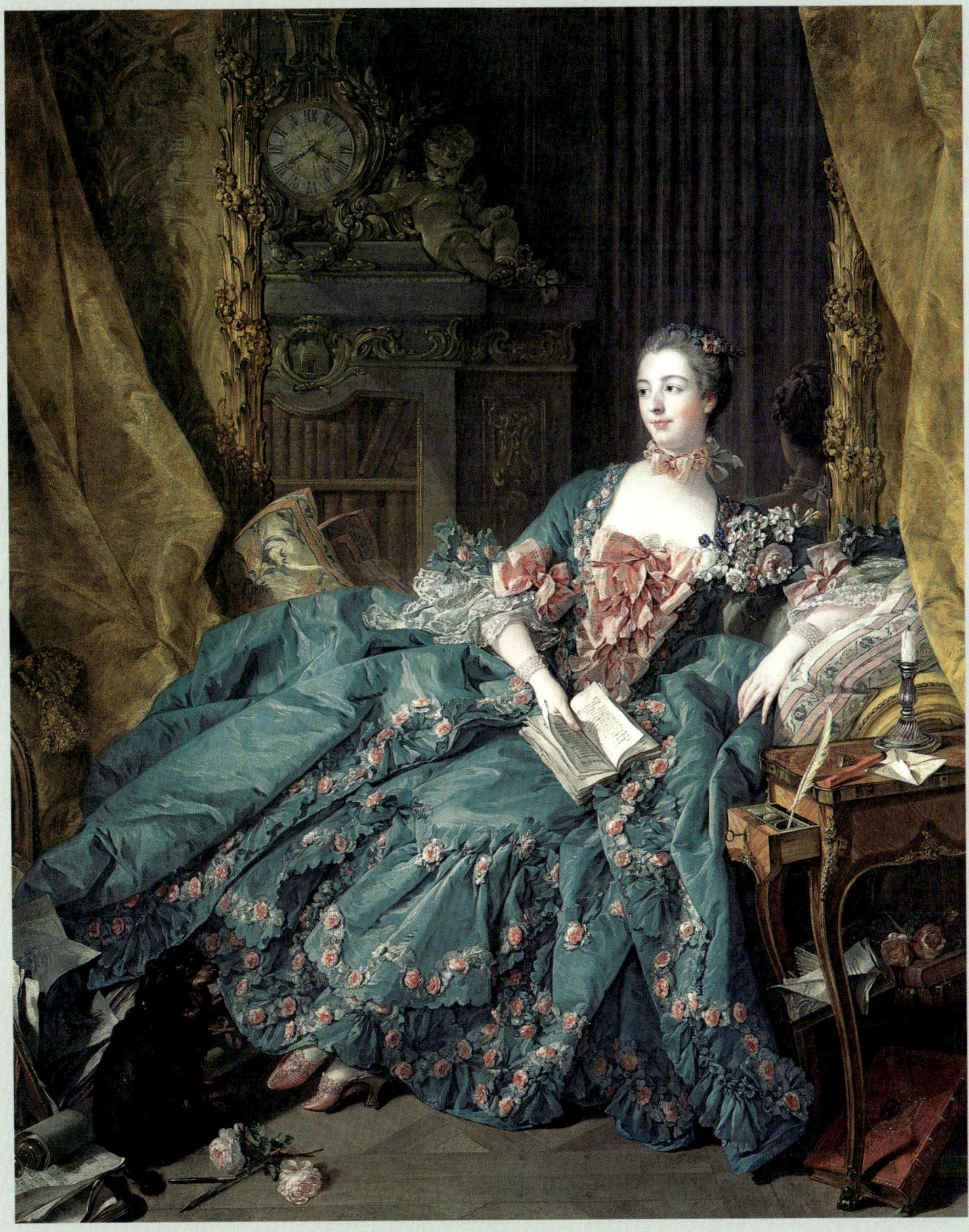

François Boucher, 1703–1770

Madame Pompadour, 1756, Alte Pinakothek, München

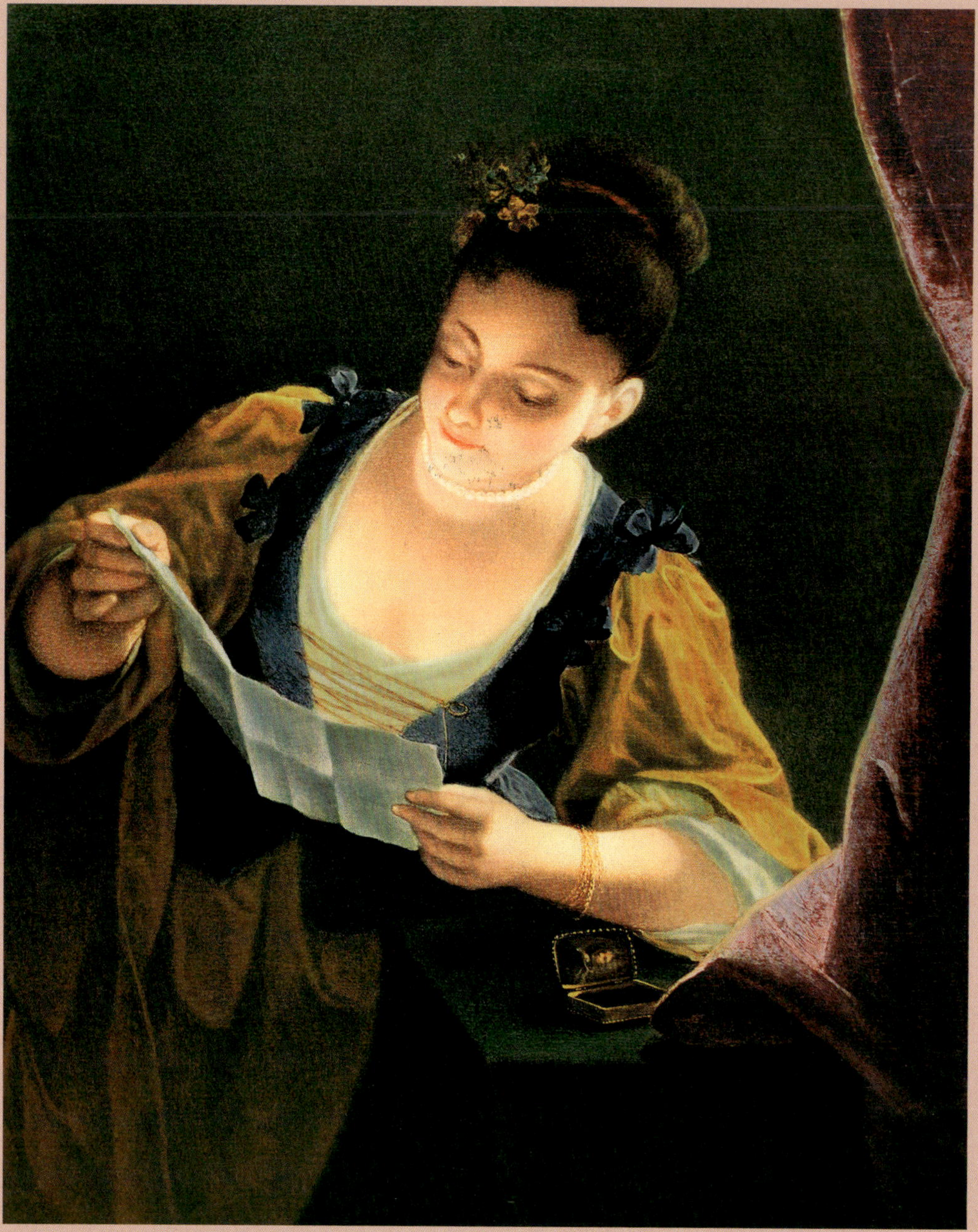

Jean Raoux, 1677–1734

Der Brief, 1720, Louvre, Paris

Jean Raoux

Die französischen Genremaler des 18. Jahrhunderts stehen in der Tradition der holländischen Malerei des 17. Jahrhunderts. Stärker als ihren Vorläufern kam es ihnen jedoch auf das Festhalten eines flüchtigen Moments, auf die Wiedergabe eines kostbaren Augenblicks an. Das Gemälde wird zum vollkommenen Schnappschuss: Eine Geste, eine Körperhaltung, ein beseelter Blick fangen das Geheimnis der Weiblichkeit ein. Der Brief ist sicher ein Liebesbrief (das Porträt des Mannes auf der Rückseite des Deckels der geöffneten Schmuckdose weist darauf hin), doch das Bild will keine Geschichte erzählen, sondern etwas zeigen: den Augen-Blick der Liebe.

Jean-Honoré Fragonard

Die junge, nach der Mode der Zeit gekleidete Frau hält das Buch, in dem sie liest, auf schickliche Weise, wie sie etwa auch eine Teetasse zum Mund führen würde: mit nur vier Fingern, den kleinen ganz leicht abgespreizt. Lesen ist nun etwas Leichtes, beinahe Schwebendes: keine Spur mehr von mühsamer Ergründung des verborgenen Schriftsinns. Dem Maler gelingt es, im Augenblick des Lesens zwei Blicke einzufangen: den aufmerksam auf die Zeilen des Buches gehefteten Blick und einen frei schwebenden, der sich in den Gefühlen und Träumereien verliert, die durch die Lektüre entstehen.

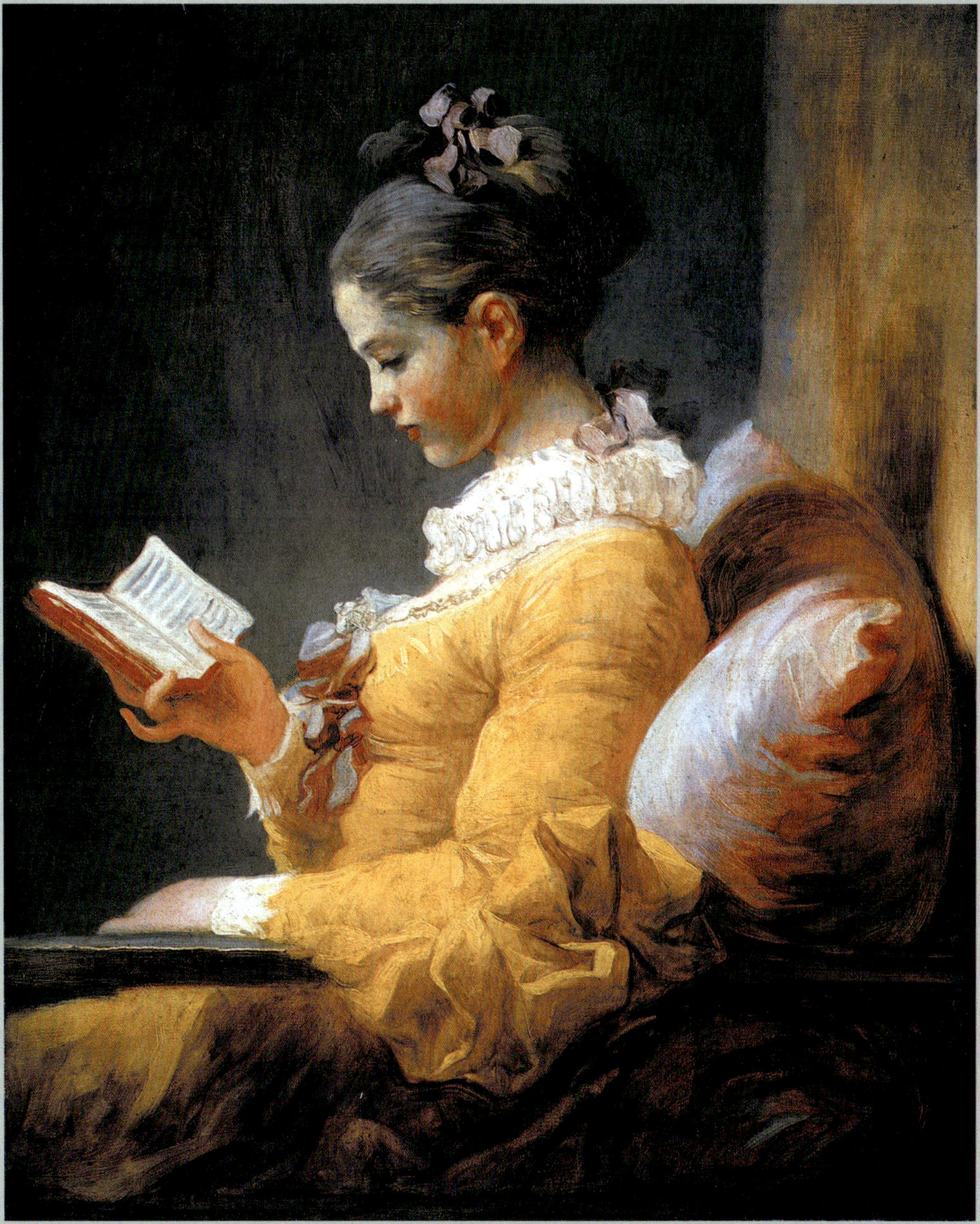

Jean-Honoré Fragonard, 1732–1806

Lesendes Mädchen, 1770, National Gallery of Art, Washington

Johann Ernst Heinsius

Als Goethe Anfang November 1775 nach Weimar kam, lag die Regierung des Herzogtums Sachsen-Weimar-Eisenach erst seit zwei Monaten wieder in der Hand eines Mannes: Nach dem plötzlichen Tod von Herzog Ernst August Constantin hatte seine Gemahlin Anna Amalia 16 Jahre lang die Regierungsgeschäfte in Stellvertretung des noch unmündigen Sohnes Carl August geführt. Dafür musste die mit 18 Jahren zur Witwe gewordene Herzogin erst einmal selbst vom Kaiser die Volljährigkeitserklärung erhalten. 1773 hat ihr Cabinettmaler Johann Ernst Heinsius die Regentin im Alter von 34 Jahren porträtiert. Das aufgeschlagene Buch in ihrer linken Hand steht für eine Herrscherin im schöngeistigen Gewand, die die Künste und Wissenschaften, vor allem aber auch die Buchkultur förderte.

Anna Amalia hat die kleine Stadt Weimar in ein Zentrum kultureller Begegnung verwandelt, sodass es zu einer »Anstalt zur Beförderung der guten Laune«, wie Wieland einmal bemerkte, wurde. Sie hat aber auch die mittlerweile nach ihr benannte weltberühmte Bibliothek der Öffentlichkeit zugänglich gemacht. Von 1761 bis 1766 ließ sie das »Grüne Schlösschen«, ein ehemaliges fürstliches Wohnhaus, zum Bibliotheksgebäude mit einem eigenen Bibliothekssaal umbauen. Dieser Rokokosaal, der mit seinem historischen Bücherbestand sowie Gemälden, Karten, Büsten und Globen den geistigen Kosmos der Weimarer Klassik veranschaulichte, blieb über 200 Jahre nahezu unverändert erhalten, bis er am Abend des 2. September 2004 von einem verheerenden Feuer heimgesucht wurde. Dieses Bild hing in der Anna Amalia Bibliothek, konnte aber aus dem Feuer gerettet werden.

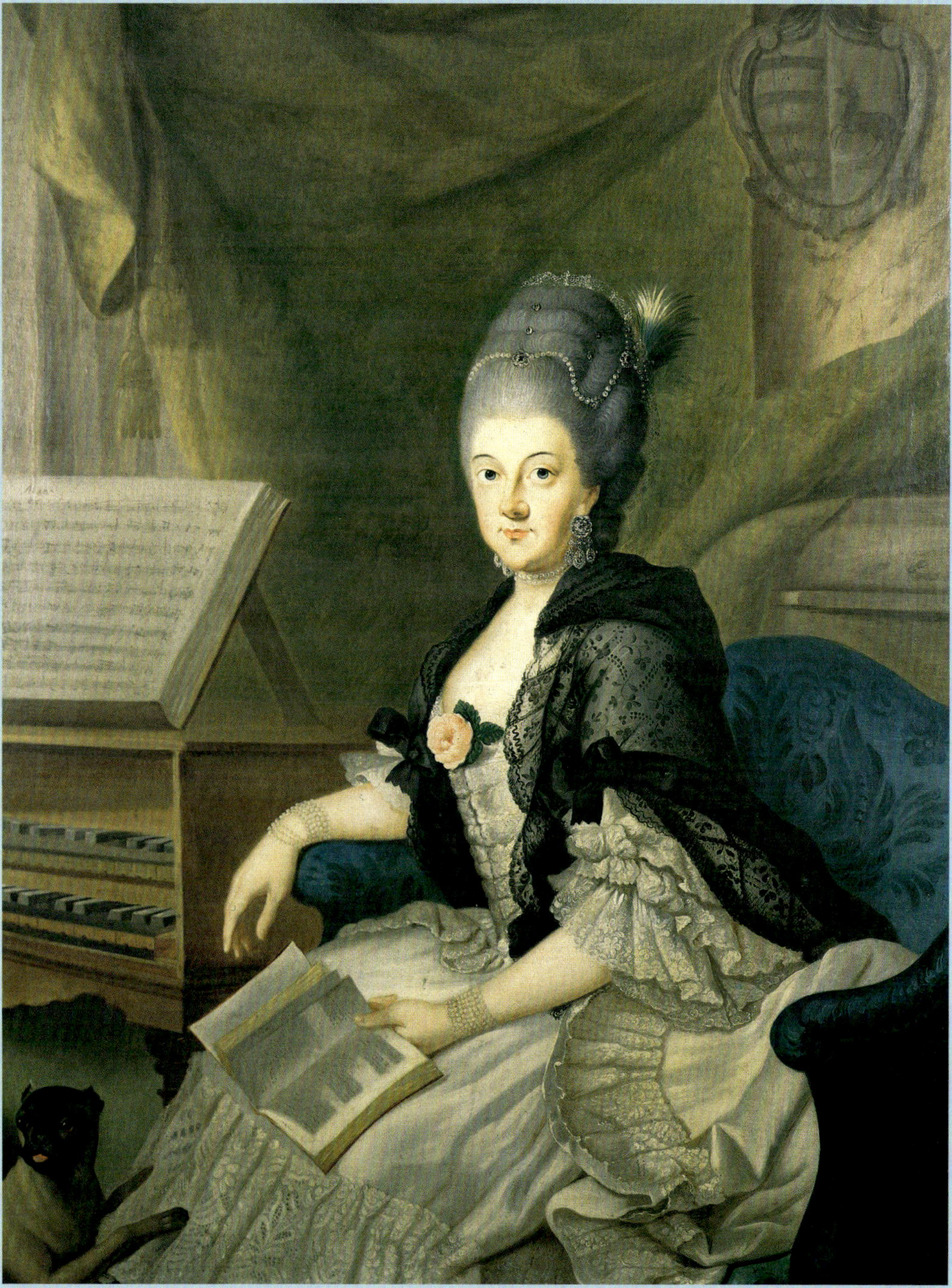

Johann Ernst Heinsius, 1731–1794

Herzogin Anna Amalia, 1772/75, Klassik Stiftung Weimar

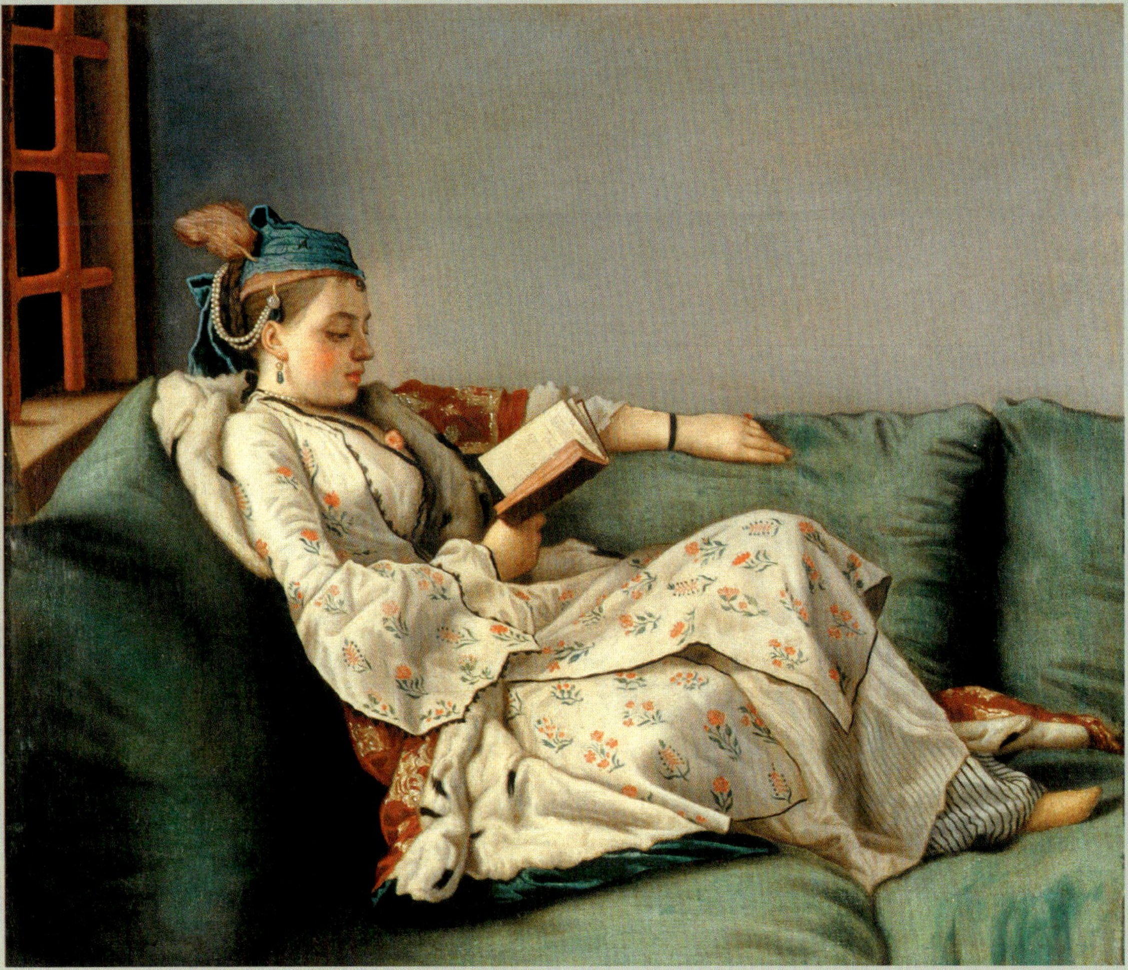

Jean-Étienne Liotard, 1702–1789

Madame Adélaïde, 1753, Uffizien, Florenz

Jean-Étienne Liotard

Der vom Reisefieber befallene Genfer Bürger Jean-Étienne Liotard gehört zu jenen Künstlern des 18. Jahrhunderts, die von Stadt zu Stadt und von Hof zu Hof zogen und nur auf die Wahrung ihrer Freiheit bedacht waren. Seit seinem fünf Jahre währenden Aufenthalt in Konstantinopel, dem heutigen Istanbul, trug er türkische Gewänder, eine Pelzmütze und einen Bart bis zum Gürtel, was ihm den Beinamen »peintre turc« einbrachte und sich außerordentlich positiv auf den Verkauf seiner Bilder auswirkte. Auch die von ihm porträtierten Damen, darunter schöne Leserinnen, kleidete er mit Vorliebe in türkische Gewänder. Er selbst legte die Tracht erst dreizehn Jahre später, anlässlich seiner Hochzeit, ab. Die Stärke von Liotards Pastellmalerei liegt in der reizvollen Kombination aus osmanischem Zauber und weiblicher Schönheit.

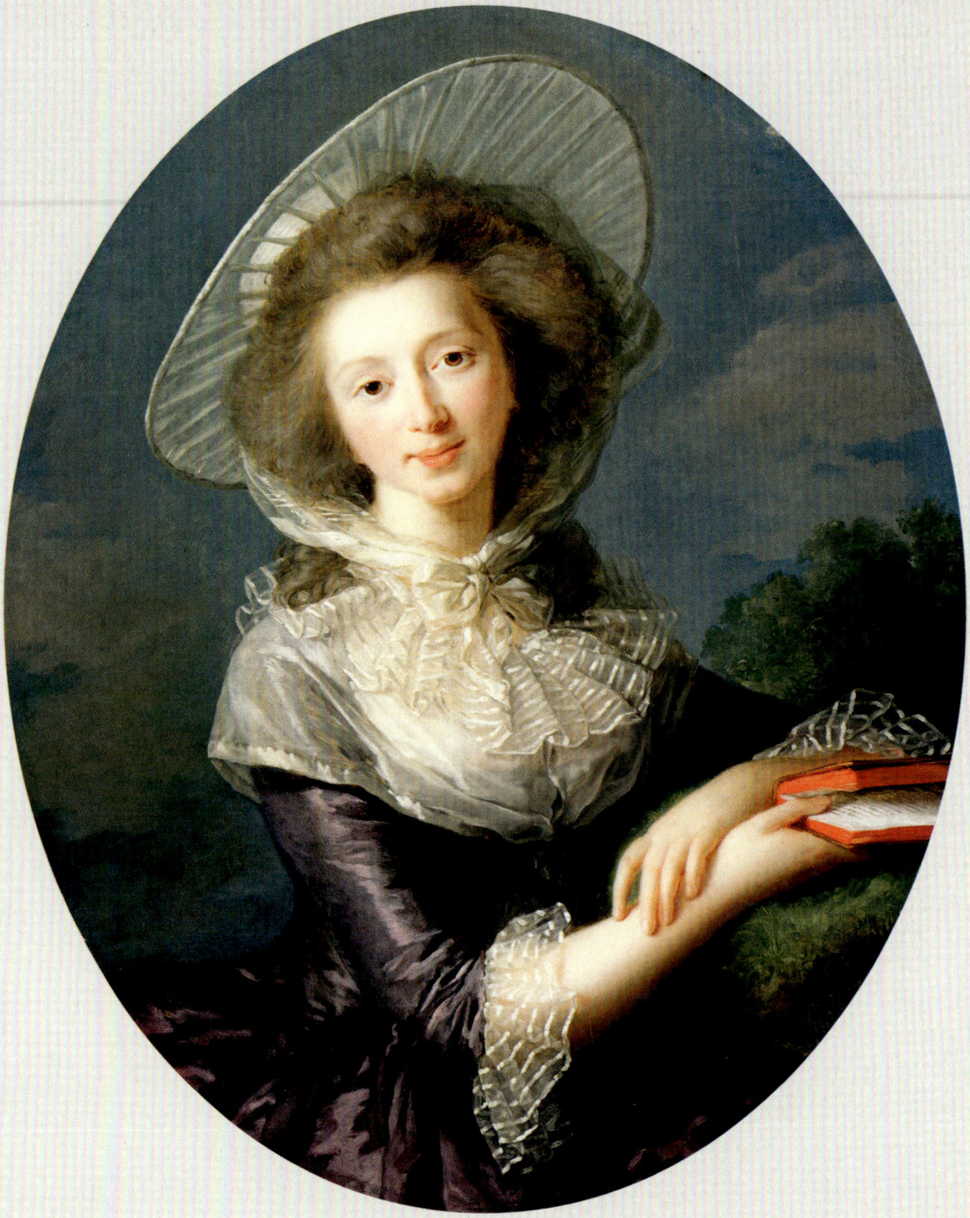

Louise-Élisabeth Vigée-Le Brun, 1755–1842

Die Vicomtesse de Vaudreuil, 1785, J. Paul Getty Museum, Los Angeles

Louise-Élisabeth Vigée-Le Brun

Was für ein strahlendes, bei aller malerischen Raffinesse ungezwungenes Porträt! Bei seiner Betrachtung stellen sich unmittelbar gute Laune, Optimismus und Neugier ein, auf die junge Frau wie auf das, was ihr gerade durch den Kopf gehen mag. Gemalt hat es Elisabeth Vigée-Le Brun, deren zweiter Nachname von ihrem Ehemann stammt. Durch dessen Familie erhielt die junge Künstlerin Zugang zum Hof von Versailles, an dem sie es zur Lieblingsmalerin von Marie-Antoinette brachte, gerade weil sie die Königin so malte, wie diese sich selbst gerne sah: als nicht der höfischen Etikette unterworfene, sondern als freie, selbstbestimmte Frau – die Königin des Trianon und nicht des höfischen Zeremoniells. Die Kritik dankte es Modell wie Malerin nicht: Von einer »Königin in Unterwäsche« war die Rede.

Obwohl Vigée-Le Brun ihre Karriere als Künstlerin im Dienste der Monarchie machte, war die Tochter eines Malers und einer Friseurin ein Kind der Aufklärung. Die einundzwanzigjährige Vicomtesse de Vaudreuil auf unserem Porträt trägt eine ähnliche »robe en chemise« wie Marie-Antoinette auf einem zwei Jahre zuvor entstandenen Bildnis. So gekleidet zeigte man sich damals außerhalb des Baudoirs nur auf Spaziergängen im Park oder bei ländlichen Vergnügungen, niemals aber zu offiziellen Anlässen. Und tatsächlich ist die Vicomtesse, deren ungepudertes Haar ein federleichter Strohhut krönt, gerade in der freien Natur unterwegs, wie der angedeutete Hintergrund aus blau-weißem Himmel und grünen Bäumen belegt. Der Finger im Buch deutet darauf hin, dass sie ihre Lektüre unterbrochen hat, um auch ihre Gedanken spazieren zu führen: Ihr Leseverhalten ist so ungeniert wie ihr offener Blick und ihr Lächeln – ein weiblicher Freigeist, dessen lässige Nachdenklichkeit uns noch heute zu bezaubern vermag.

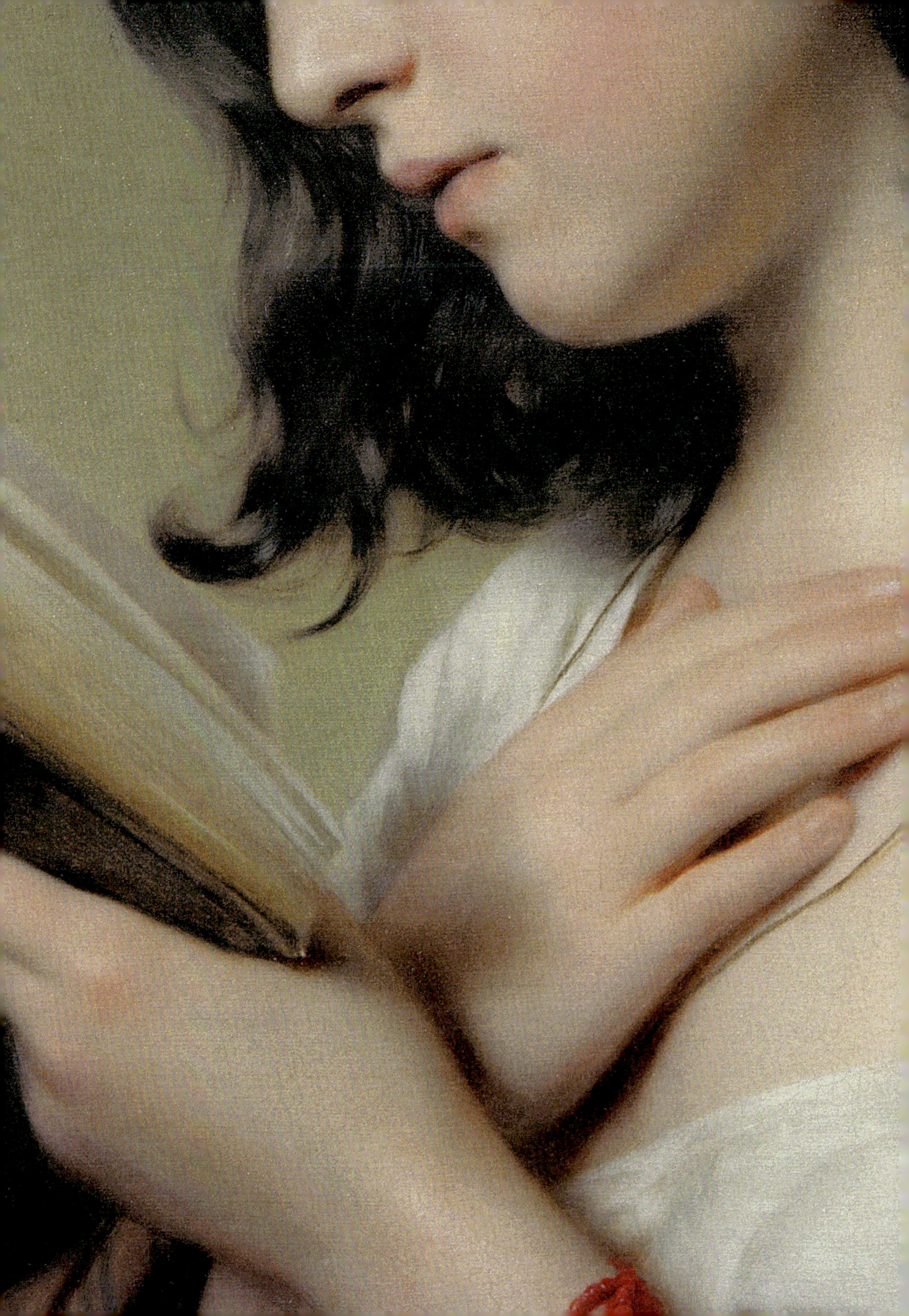

Stunden der Wonne

Empfindsame Leserinnen

»Empfindsam«, 1768 von Lessing als Übersetzung des englischen »sentimental« vorgeschlagen, wurde im deutschen Sprachraum rasch ein Schlüsselwort für die neuen bürgerlichen Formen der Kultivierung und Intensivierung des Gefühlslebens. Eine zentrale Stellung bei der Pflege der Empfindsamkeit des Einzelnen kam der Lektüre zu: Lesen bedeutete nun, sich in die zu Papier gebrachten Empfindungen eines anderen hineinzuversetzen und dabei den Horizont der eigenen Empfindungsmöglichkeiten auszuloten und zu erweitern.

Franz Eybl

Von der Lektüre ist die junge Frau völlig gefangen. Unbemerkt ist ihre Bluse von der Schulter herabgerutscht.
Die rechte Hand, die hin und wieder mit dem feinen Halsband spielt, drückt sie gegen die Brust. Das Buch nimmt ihr den Atem – weil die Geschichte so spannend ist, dass sie unbedingt wissen muss, wie sie weitergeht? Mag sein, vor allem aber, weil die Lektüre ihr Einfühlungsvermögen anregt und steigert. Diese innere Erregung der Leserin spiegelt sich sogar in der Bewegtheit des Buchschnitts wider; die umgeblätterten Seiten liegen nicht mehr exakt aufeinander, und ihre feinen Zwischenräume bieten sich dem Spiel des Lichtes dar.

Das Bild bezieht seinen Reiz aus der Darstellung innerer Bewegung bei gleichzeitiger äußerer Passivität. Sein Maler, Franz Eybl, der seine Heimatstadt Wien sein ganzes Leben lang nicht verließ, war in den Kreisen der dortigen Gesellschaft bestens als Genre- und Porträtmaler eingeführt. Er hatte einen Hang zu Idyllen aus der Alltagswelt des Biedermeier. So schildern seine Bilder weniger Handlungen als Zustandsformen des Innenlebens, deren Darstellung im 19. Jahrhundert zur großen neuen Herausforderung der Malerei wird. Wir sehen eine junge Frau, die ergriffen ist von der Lektüre. Ihre Gedanken scheinen so arglos zu sein wie ihr Gesicht anmutig und unschuldig.

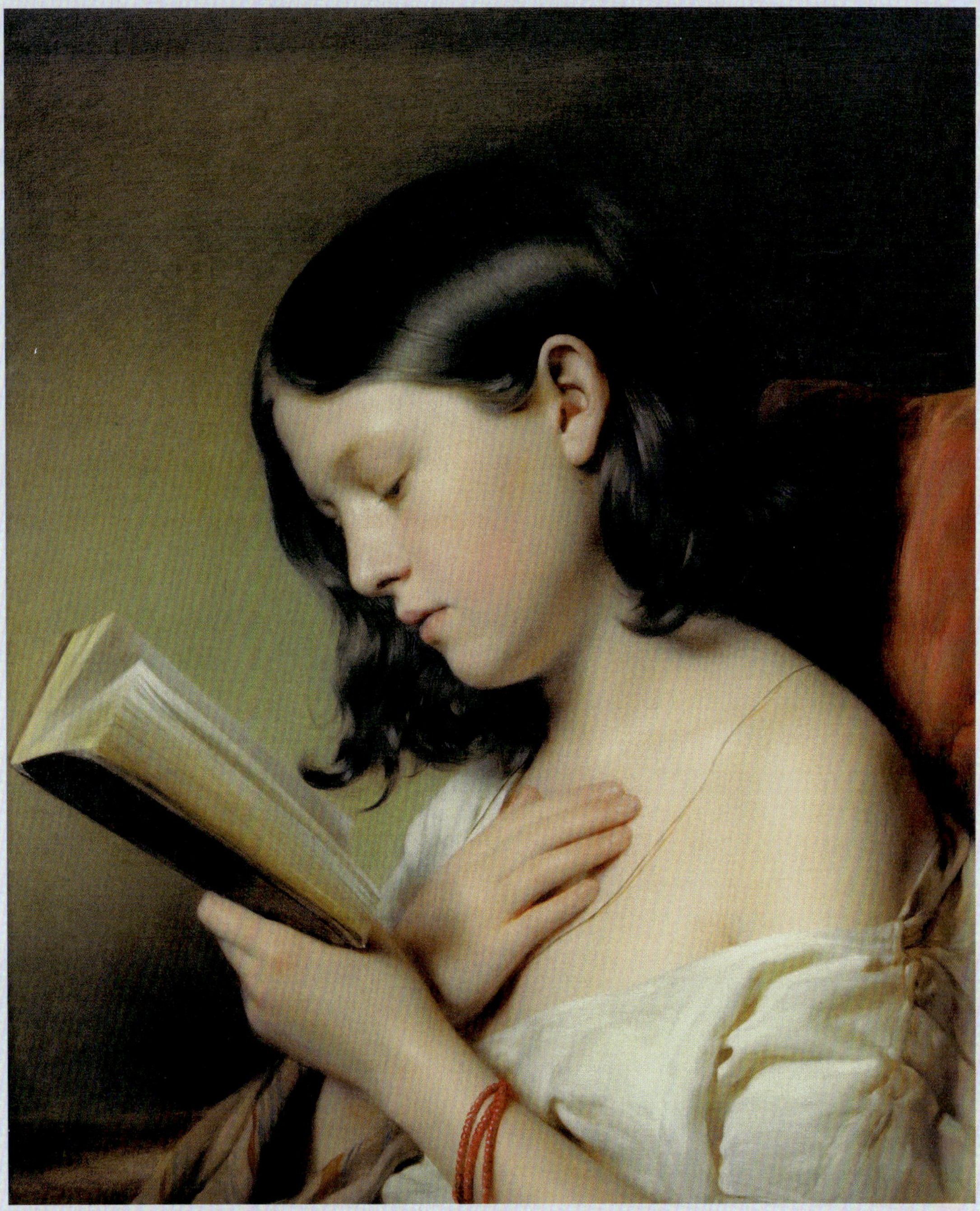

Franz Eybl, 1806–1880

Lesendes Mädchen, 1850, Österreichische Galerie im Belvedere, Wien

Gustav Adolph Hennig

Das als Umschlagmotiv einer »Geschichte des Lesens« bekannt gewordene Bild des klassizistischen Leipziger Malers wirkt durch seine Schlichtheit, die ihm zugleich Modernität verleiht. Der monochrome Hintergrund hält die Lesende von jedem sozialen, kulturellen oder religiösen Bezug fern, der etwas über ihre Herkunft und Motivation verraten würde. Das Schwarz des streng gescheitelten Haares wiederholt sich im Einband des Buches, das die Lesende vor ihrer Brust hält. Obwohl die demütig niedergeschlagenen Augen des Mädchens und ihre Lesehaltung unwillkürlich an ein Gebetbuch denken lassen, scheint es sich weniger um ein bestimmtes Buch als um die Abstraktion »Buch« zu handeln, so andeutungsweise ist es gemalt. Die auf die angewinkelten Knie gestützten, über Kreuz gelegten Hände drücken eine starke Befangenheit aus, die sich in den schmalen Gesichtszügen des Mädchens und ihren aufeinandergepressten dünnen Lippen wiederholt.

Trotz seiner ausdrucksstarken Farbe ist das breite Gewand der Lesenden mit dem geometrischen Halsausschnitt und dem nur angedeuteten Faltenwurf von großer Schlichtheit und lässt nichts von dem weiblichen Körper, der darunter verborgen ist, ahnen. Aller Außenbezug und alle Bewegung ist in eine Wendung nach innen zurückgenommen.

Angesichts der barocken Fülle an Themen und Motiven, die die besagte »Geschichte des Lesens« von Alberto Manguel über ihren Gegenstand ausbreitet, erscheint die spröde und asketische Umschlagfigur zunächst wie eine Fehlbesetzung. Und doch geht gerade von ihrer Weltferne und Innerlichkeit eine gewisse Verführung aus – als wären die Rückzugswünsche empfindsamer Leserinnen und Leser bei ihr gut aufgehoben.

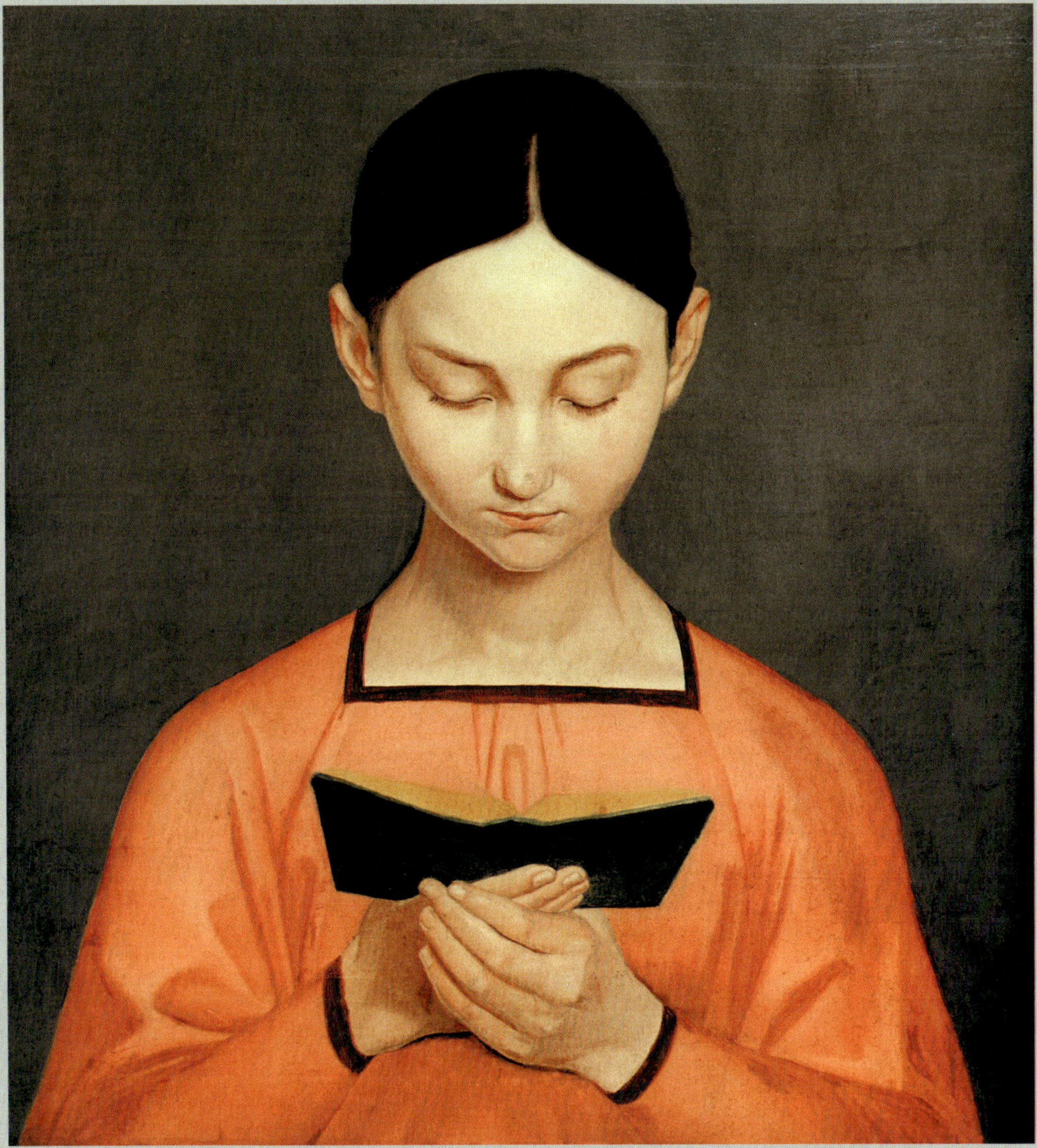

Gustav Adolph Hennig, 1797–1869

Lesendes Mädchen, 1828, Museum der Bildenden Künste, Leipzig

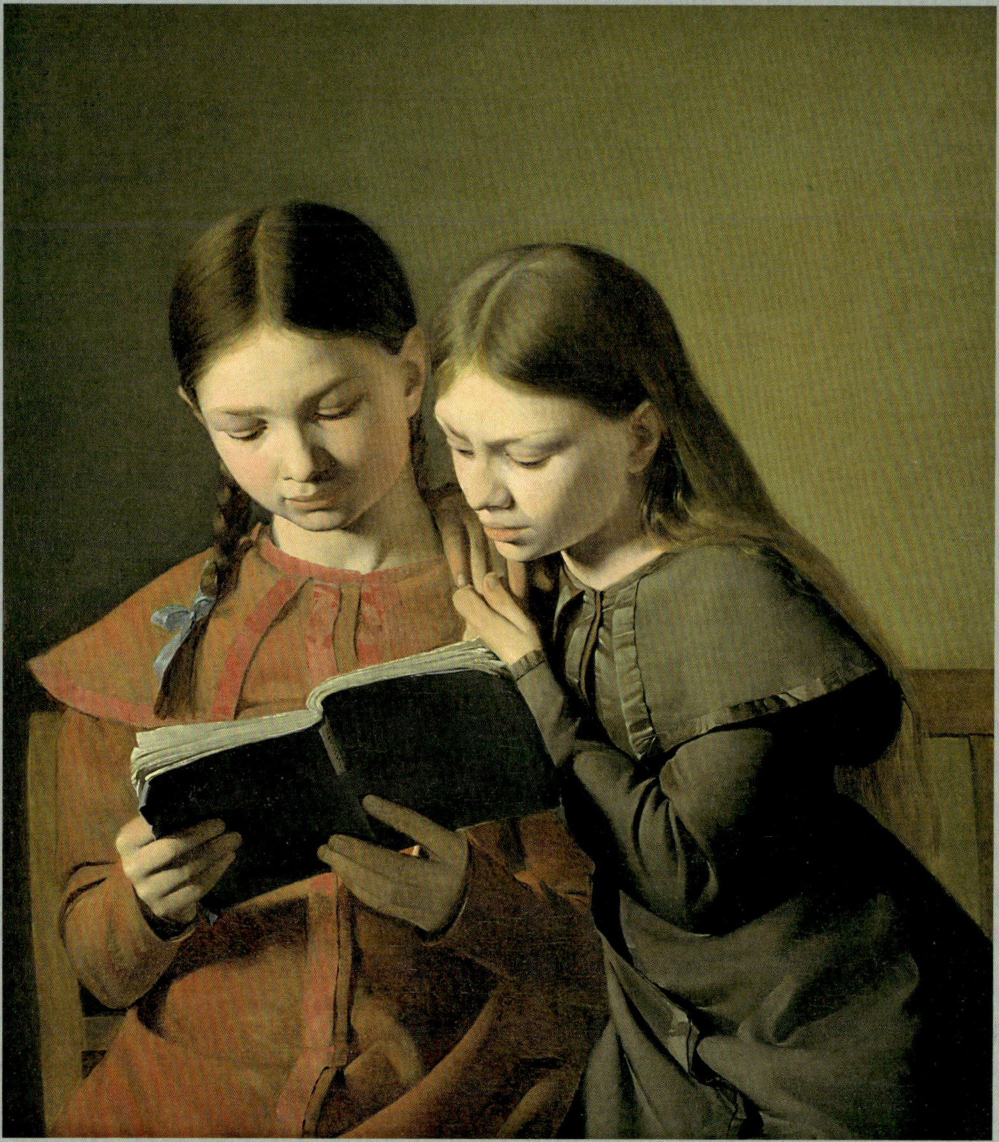

Carl Christian Constantin Hansen, 1804–1880

Die Schwestern des Künstlers, 1826, Nordiska Museet, Stockholm

Carl Christian Constantin Hansen

Die Kinder und Jugendlichen, die viele Bilder des dänischen Malers Constantin Hansen bevölkern, blicken häufig mit großen, weit aufgerissenen Augen in die Welt, als würde sie etwas Unbegreifliches in Staunen und Verwunderung setzen. Von einem ähnlichen Gefühl scheinen auch die beiden Schwestern des Künstlers auf diesem Bild ergriffen zu sein, das sie bei der gemeinsamen stillen Lektüre zeigt. Die jüngere hält sich an der Schulter der älteren Schwester fest – wie um dem Buch näher zu sein und sich gleichzeitig doch noch in Sicherheit wiegen zu können.

Sir Lawrence Alma-Tadema

Schüchtern, beinahe ängstlich, und verträumt die eine, neugierig und selbstbewusst die andere – so hat der gefeierte Maler antikisierender Historienbilder, Lawrence Alma-Tadema, seine beiden Töchter aus erster Ehe, Laurense und Anna, dargestellt. Das Doppelporträt war ein Geschenk des Künstlers an seine zweite Frau, die Stiefmutter der beiden Kinder, und sollte wohl sagen: Schau her, so sind wir. Es zeigt die Mädchen in ihrem Winkel des väterlichen Hauses, in dem jedoch nichts außer ihnen selbst von ihrer Gegenwart erzählt. Ihr eigentliches, geschütztes Refugium innerhalb der Erwachsenenwelt halten beide in der Hand: ihre Bücher.

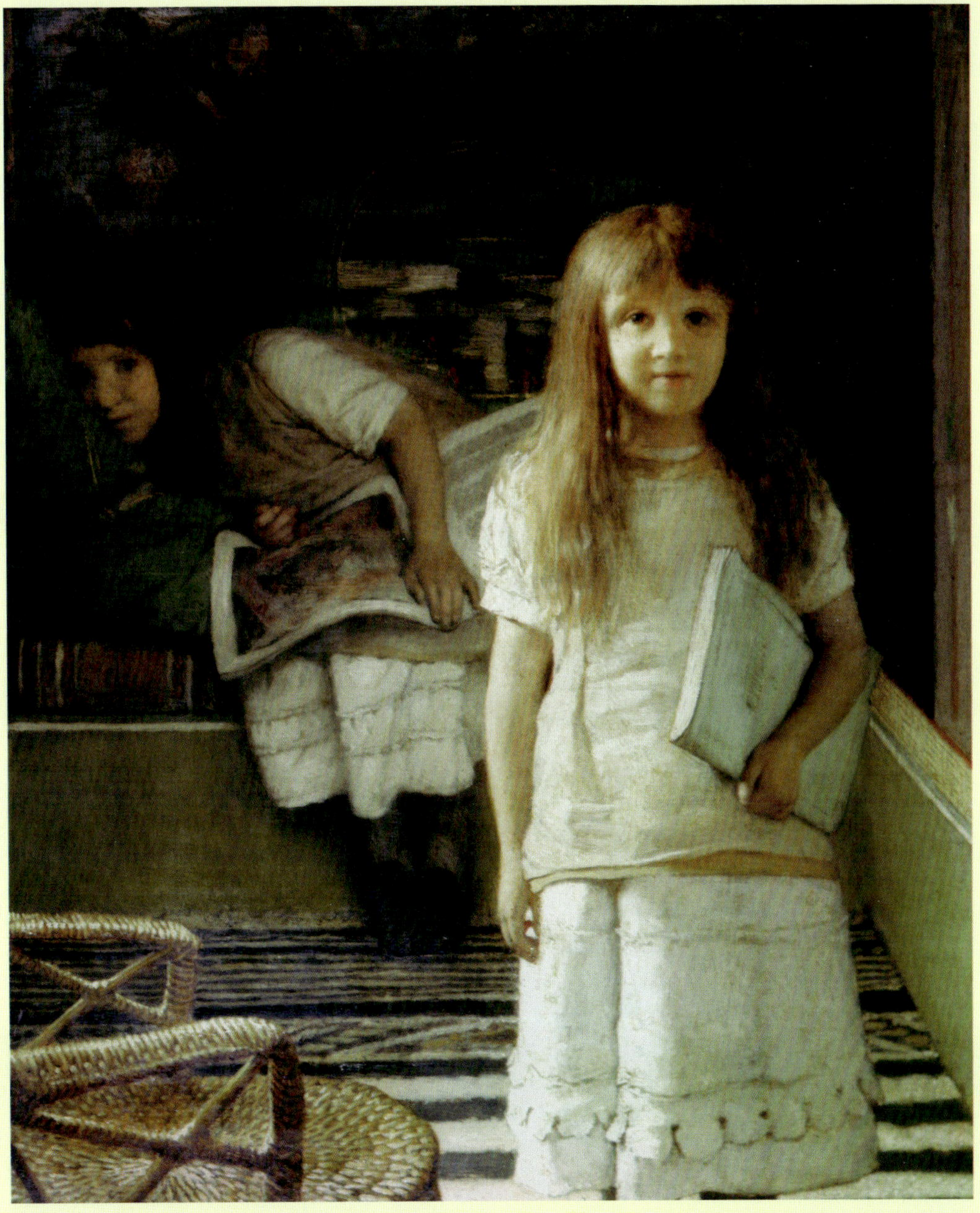

Sir Lawrence Alma-Tadema, 1836–1912

Unsere Ecke (Porträt von Anna und Laurense Alma-Tadema), 1873
Rijksmuseum, Amsterdam

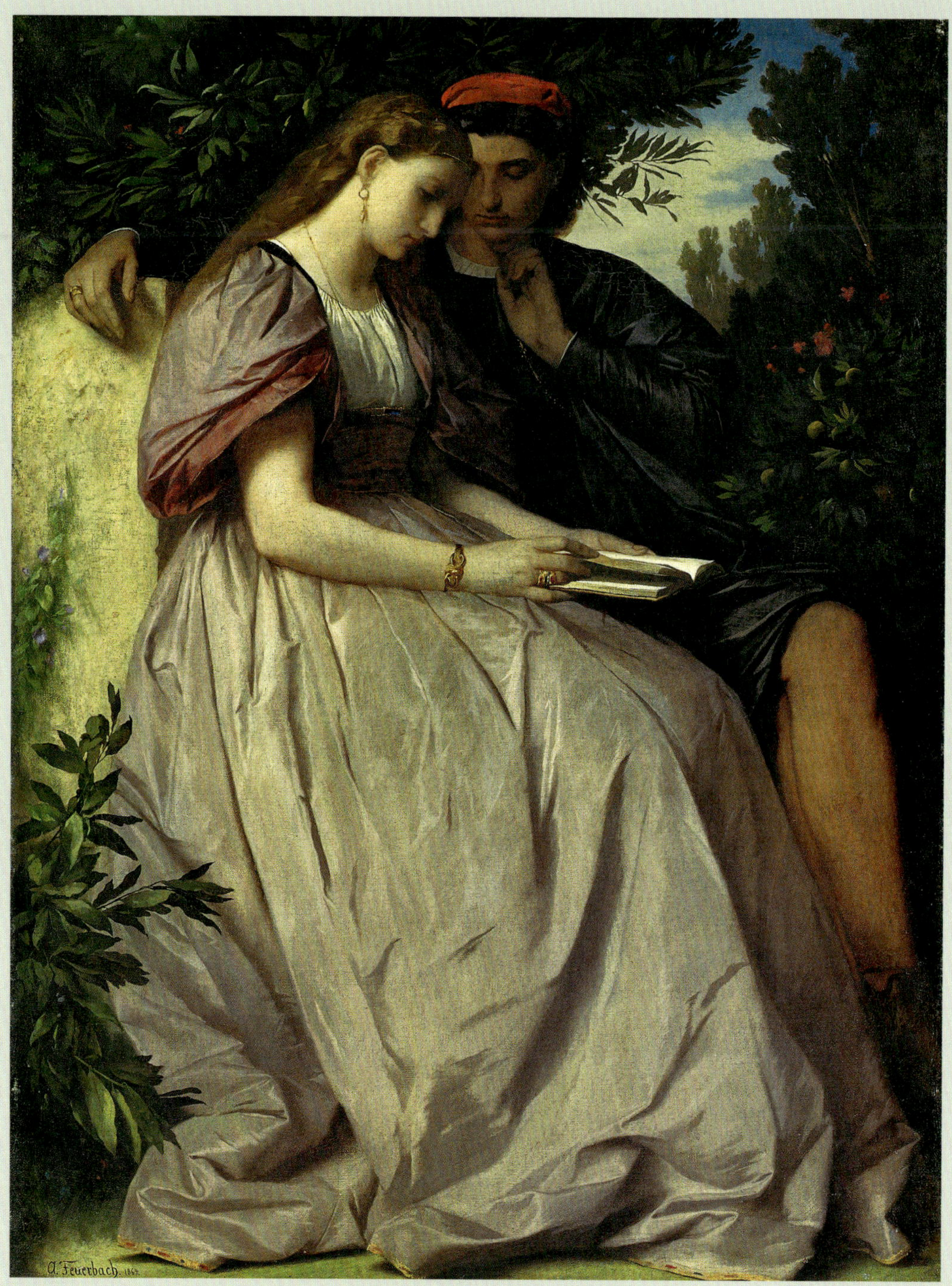

Anselm Feuerbach, 1829–1880

Paolo und Francesca, 1864, Schack-Galerie, München

Anselm Feuerbach

Auf seinem Weg durch das Inferno der Göttlichen Komödie begegnet Dante dem Liebespaar Francesca da Rimini und Paolo Malatesta; die beiden hatten sich des Ehebruchs schuldig gemacht und waren in flagranti von Francescas Ehemann ertappt und getötet worden. Auch unter den Bedingungen der Hölle hat das Verlangen der beiden Liebenden nicht nachgelassen, wie Francesca Dante berichtet: »Wir lasen eines Tages zum Vergnügen von Ritter Lancelot, wie ihn die Liebe drängte; alleine waren wir und unverdächtig …
Als wir gelesen, dass in seiner Liebe er das ersehnte Antlitz küssen musste, hat Paolo, der mich niemals wird verlassen, mich auf den Mund geküsst mit tiefem Beben. Kuppler war das Buch und der's geschrieben. An jenem Tage lasen wir nicht weiter.«

Mit Dantes Wiederentdeckung im 18. Jahrhundert fand diese Szene auch Eingang in die Malerei. Dargestellt wurde mit Vorliebe die dramatische Zuspitzung der Dreiecksgeschichte: der Kuss der Liebenden, während der düpierte Ehemann mordsüchtig im Hintergrunde lauert. Nichts davon auf Feuerbachs Gemälde: Glaubt man den zeitgenössischen Betrachtern, so zeigt es das Versunkensein der Liebenden bei ihrer gemeinsamen Lektüre – ihre Zusammengehörigkeit in Einklang, Stille und Kontemplation.

Schaut man als heutiger Betrachter genauer hin, entdeckt man jedoch, dass Paolo gar nicht liest, sondern unter Einsatz von Armen und Beinen gerade einen Annäherungsversuch unternimmt. Sie hingegen hält in der Lektüre inne und wird sich ihm wohl im nächsten Moment zuwenden – und das Vergnügen siegt über die Empfindsamkeit.

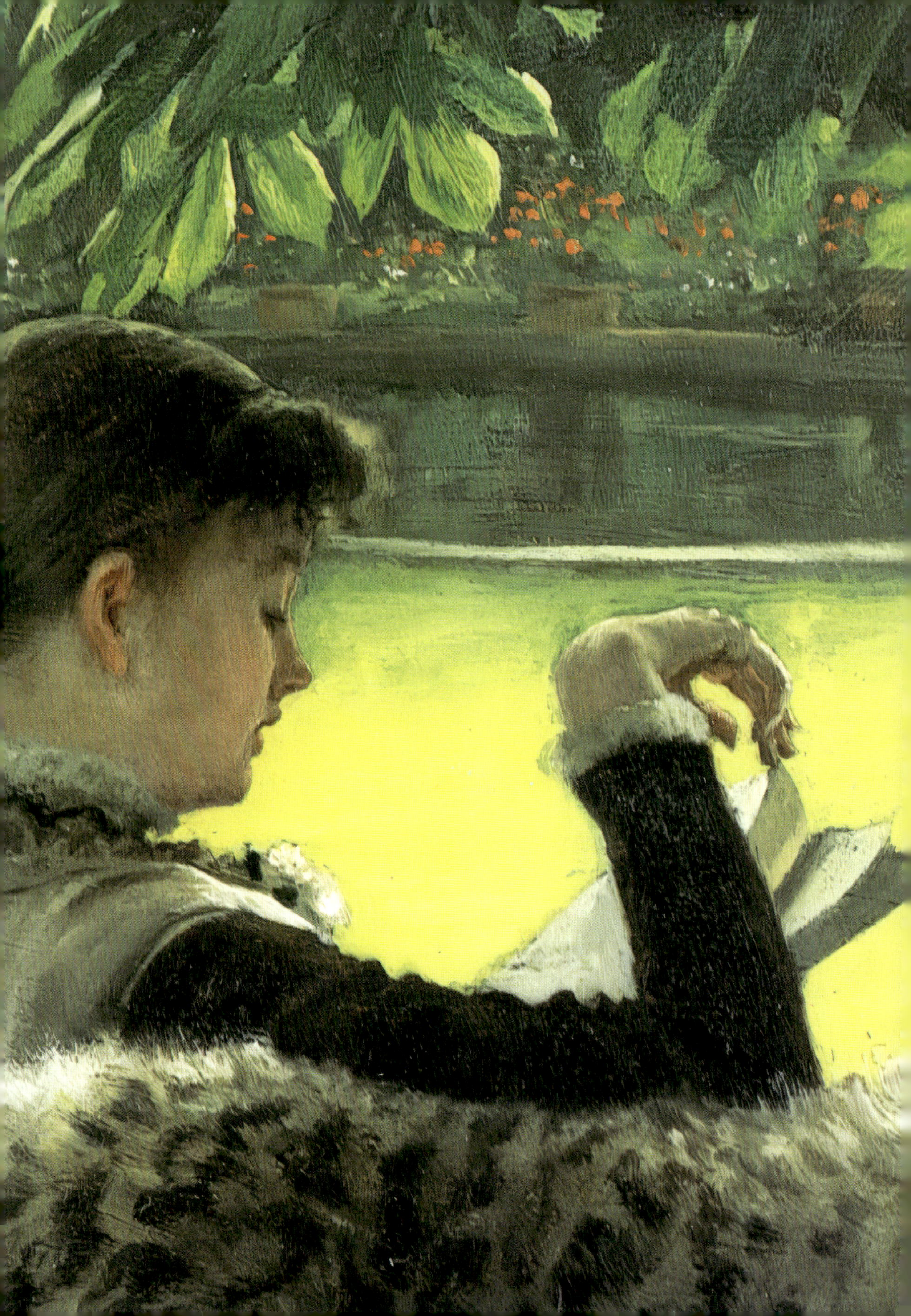

Die Suche nach sich selbst

Passionierte Leserinnen

Passionierte Leserinnen und Leser erliegen sehr leicht und nur zu gern der Versuchung, Lesen und Leben gleichzusetzen. Flaubert lässt seine arme Madame Bovary daran sogar zugrunde gehen: Sie ist nicht nur das Opfer falscher, kitschiger Bücher, sondern auch einer Selbsttäuschung, die sie Bücher mit einem Orakel verwechseln lässt – als wäre die Wahrheit eine von andern fertig zubereitete Speise, die wir nur aus dem Regal zu nehmen brauchen, um sie dann zu verzehren. Lesen ist Initiation zum Leben und Anreiz, aber es mit dem Leben selbst zu verwechseln heißt, ihm seine Heilkraft zu nehmen und aus einer Leidenschaft eine Quelle des Leidens zu machen.

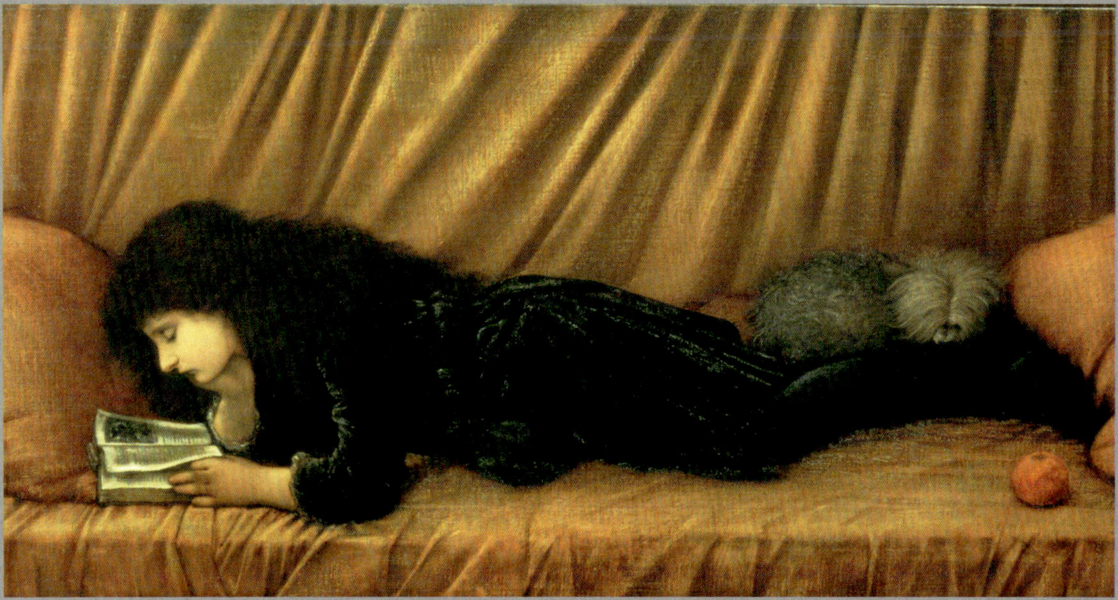

Sir Edward Burne-Jones, 1833 – 1898

Porträt von Katie Lewis, 1886, Mallett Gallery, London

Sir Edward Burne-Jones

Als der zum Kreis der englischen Symbolisten gehörende Maler und Zeichner Burne-Jones das Bild der auf einem Sofa liegenden, in ein Buch vertieften Katie Lewis begann, war sie vier, als er es fertigstellte, ganze acht Jahre alt. Katie war die jüngste Tochter des Staranwalts George Lewis, der prominente Künstler wie John Singer Sargent, Oscar Wilde, Lawrence Alma-Tadema und James McNeill Whistler verteidigte und ein enger Freund des Malers war. Burne-Jones, dessen Kinder bereits erwachsen waren, überschüttete die reizende und aufgeweckte Katie mit illustrierten Briefen, in denen er ihr lustige Geschichten erzählte und sich noch einmal kindlichem Schabernack hingab. Gemütlich auf eine Couch gefläzt, mit offenem, etwas unordentlichem Haar und hochgerollten Ärmeln, völlig von ihrer Lektüre absorbiert, zeigt sein Bild das junge Mädchen als passionierte Leserin. Die Geschichte, der zumindest im Augenblick Katies ganze Aufmerksamkeit gilt, ist nicht irgendeine altersgerechte Kleinmädchenlektüre, sondern die romantische und blutige Legende vom heiligen Georg, der gegen den Drachen kämpft und ihn besiegt; sie zählte zu Burne-Jones' Lieblingserzählungen und ist Thema einiger seiner Bilder. Und Katie liest nicht nur von Rittern, sie sieht auch aus, als entstammte sie einer fernen Zeit. Wie ein junger Knappe des Mittelalters liegt sie versunken auf der Couch.

Ramon Casas i Carbó

Beeinflusst von Manet, Whistler und Degas, schuf der katalanische Maler und Zeichner Casas i Carbó nicht nur Gemälde, die ihn zum Chronisten seiner Epoche machten, sondern er entwarf auch zahlreiche Werbeplakate. Casas reiste gerne und viel, in die USA und nach Kuba, und war Mitbegründer eines Künstlerlokals, das zum Sammelbecken der Avantgarde in Barcelona wurde.

Die Pose der von den Anstrengungen eines Ballvergnügens erschöpft auf den Divan gesunkenen jungen Dame, die ein zerlesenes Büchlein oder Heft in der Hand hält, in das sie wohl zur Entspannung hineingeschaut hat, verwendete Casas auch als Plakatmotiv für die von ihm illustrierte Wochenschrift »Pél & Ploma«. Sie wurde von dem Kunstkritiker Miguel Utrillo redigiert und erschien zwischen Juni 1899 und Dezember 1903. Auf einem Werbeplakat für die Zeitschrift hält die in einen gigantischen rosafarbenen Schal verpackte und noch frisch und unternehmungslustig aussehende junge Dame einen Brief in den Händen, den sie in der Tat auch gerade liest. Auf beiden Versionen des Motivs ist Lesen eine Art Snack zwischen den großen Lebensmahlzeiten. Wie die wirklichen Existenzkünstler wissen, muss man nicht immer auf die großen Inszenierungen warten; in den kurzen Intermezzi steckt oftmals mehr vom Geschmack und Gewicht der Welt. Es sind die Momente, in denen man das Leben spürt.

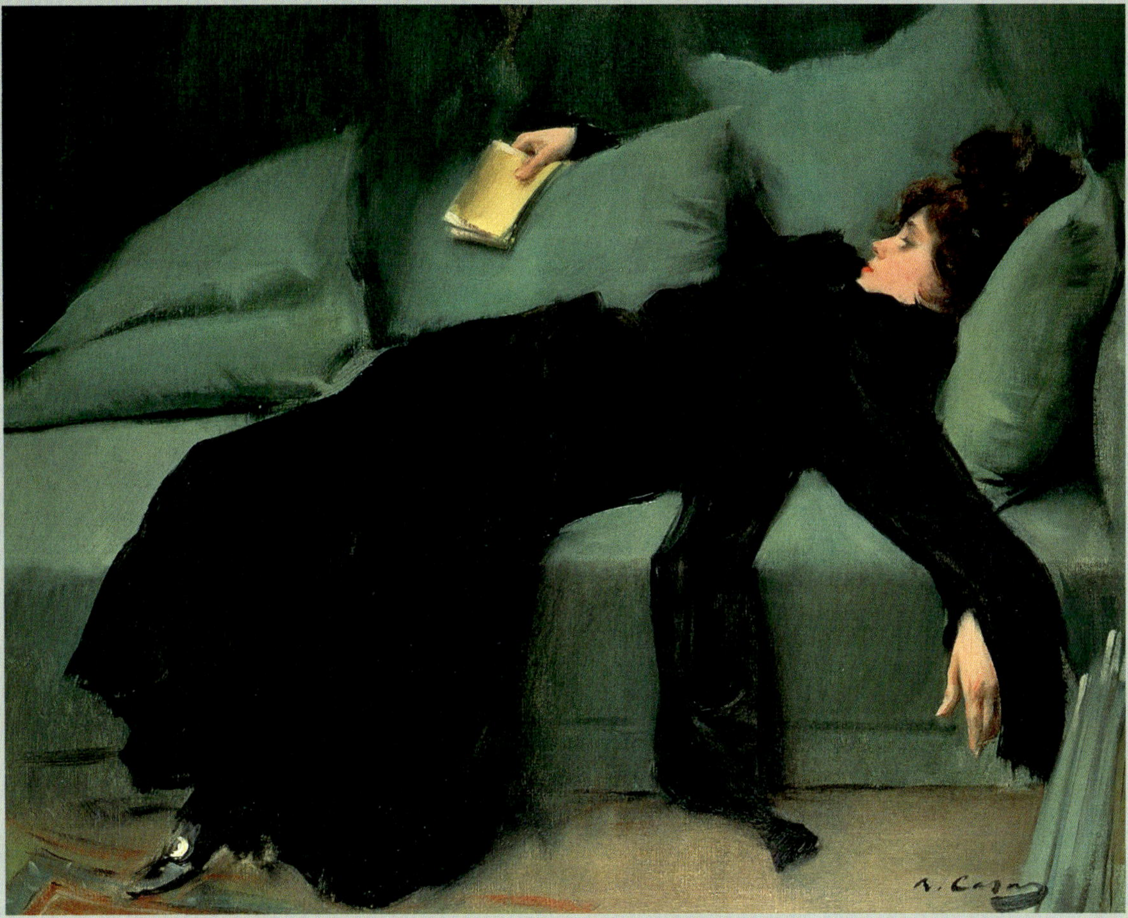

Ramon Casas i Carbó, 1866–1932

Jove decadent (després del ball), 1895, Museu de Montserrat, Montserrat

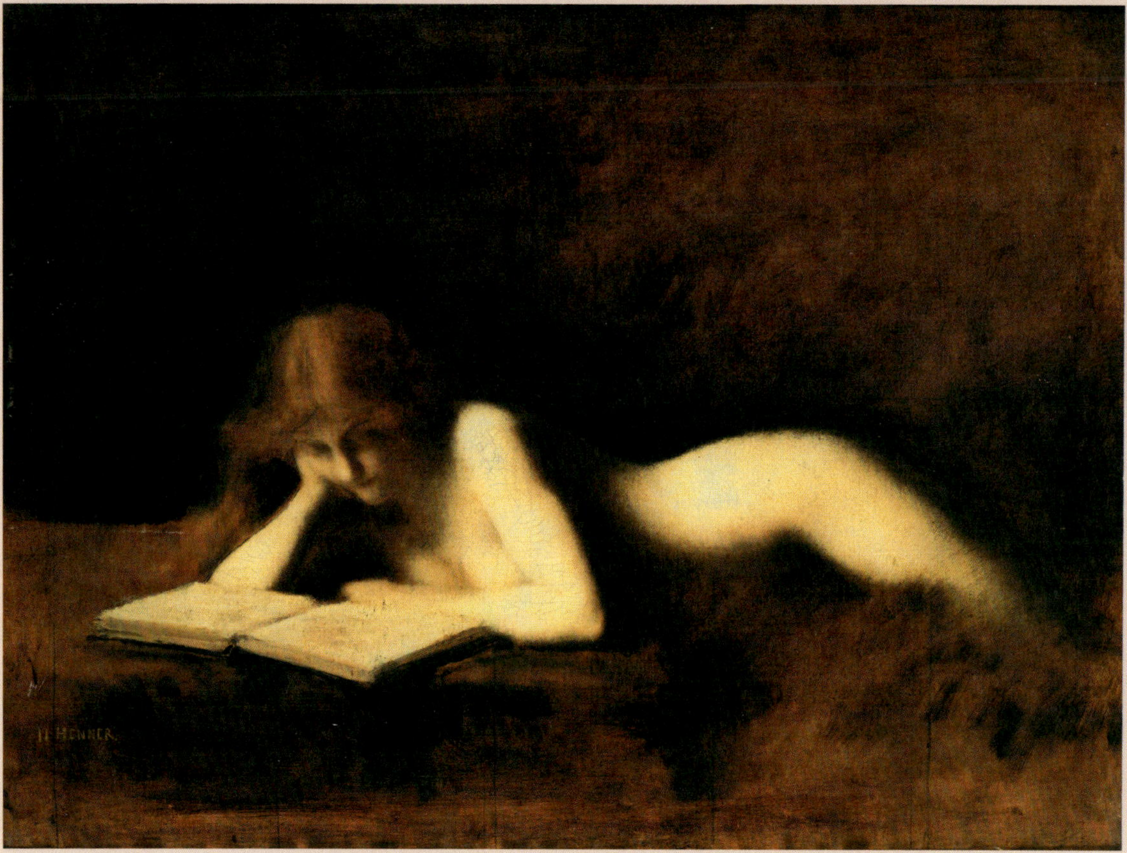

Jean-Jacques Henner, 1829–1905

Die Lesende, um 1880/1890, Musée d'Orsay, Paris

Jean-Jaques Henner

Während eines fünfjährigen Aufenthalts in der Villa Medici in Rom perfektionierte der elsässische Maler Jean-Jacques Henner seine an Correggio geschulte Art, eine (hier nur angedeutete) ideale Landschaft und eine zumeist nackte weibliche Figur zu einem Stimmungsidyll zu vereinen. Unverkennbar geht sein Bild der Lesenden auf den Typus der Maria Magdalena zurück, wie ihn etwa Correggio geschaffen hat. Eine Auseinandersetzung mit der christlichen Ikonografie und ihrer Hintergrundbedeutung findet allerdings nicht mehr statt. Vielmehr wird die Malerei bei Henner zur Serienproduktion: Er bedient den Zeitgeschmack mit immer neuen Variationen eines gängigen Sujets, das er auf die Gefühlswelt eines bürgerlichen Publikum zugeschnitten hat.

Édouard Manet

La lecture«, so der Originaltitel des Bildes, kann neben dem stillen Leseakt auch das laute Vorlesen meinen, das im Laufe der Jahrhunderte immer mehr an Bedeutung verlor. Dem 1865 entstandenen Porträt seiner ganz in Weiß gekleideten Frau Suzanne hat Manet die Figur des vermutlich gemeinsamen Sohnes Léon Koelin-Leenhoff allerdings erst Jahre später hinzugefügt und dafür den homogenen weißlichen Hintergrund an einer Stelle aufgerissen.

Die Stimme des Sohnes, der seiner Mutter vorliest, dringt gewissermaßen aus dem Off an ihr Ohr; ansonsten jedoch bleiben die beiden auf dem Bild ohne jede Beziehung.

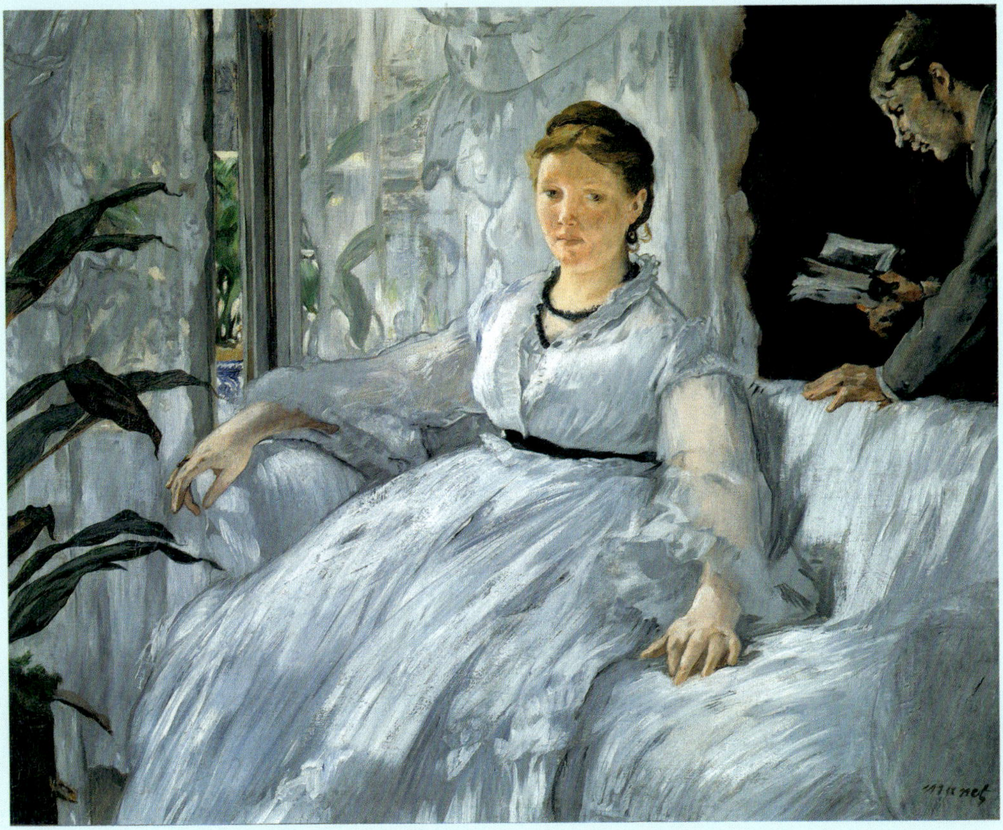

Édouard Manet, 1832–1883

Die Lektüre, 1868, Musée d'Orsay, Paris

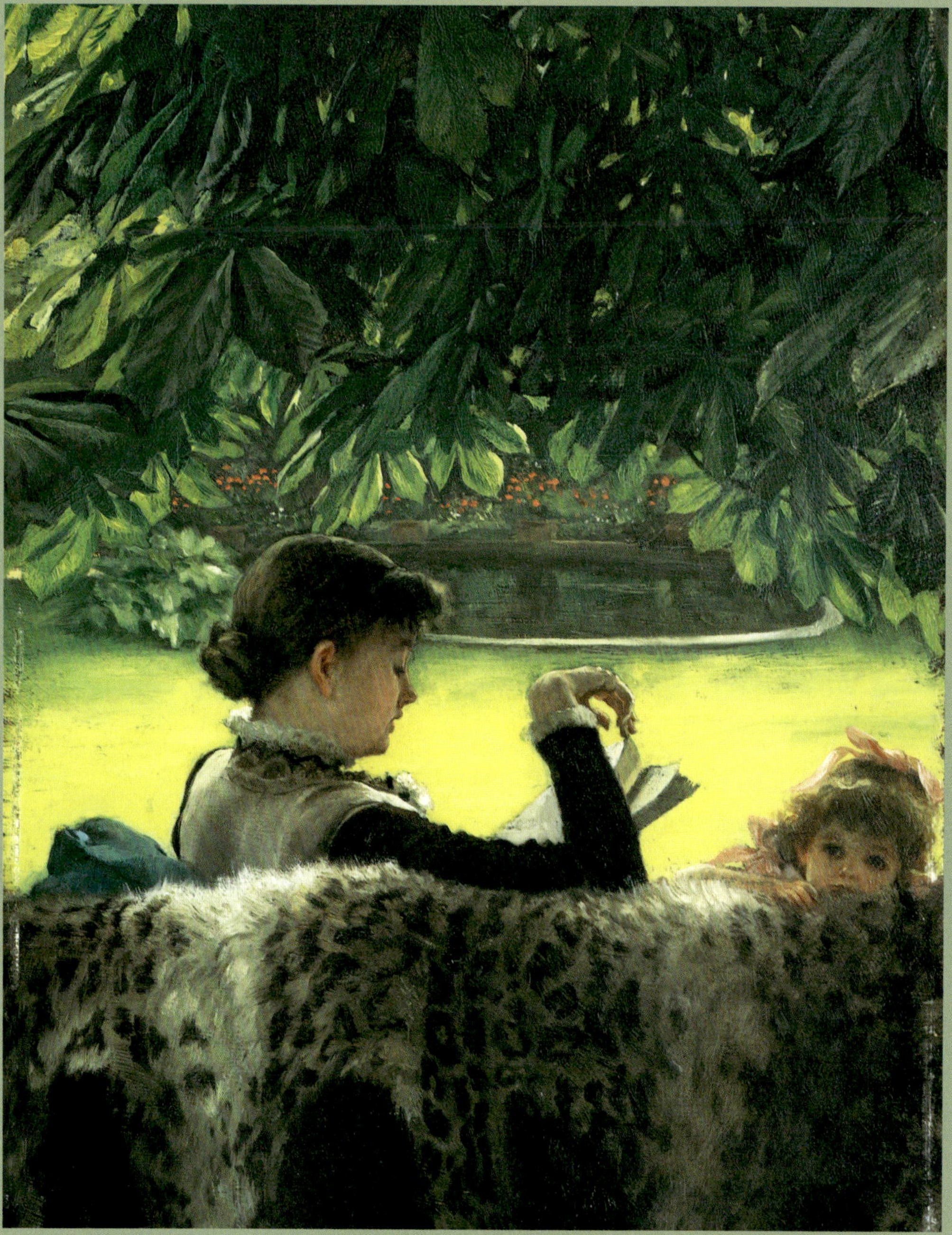

James Jacques Tissot, 1836–1902

Stille, undatiert, Privatbesitz

James Jacques Tissot

Lange Zeit überdauert hat die Angewohnheit, Kindern vorzulesen. Die Idylle der trauten Vorlesestunde am von einem dicht belaubten Baum überwölbten Schattenplatz hat der Maler hier allerdings mit zahlreichen Fragezeichen versehen. Das Raubtierfell im Vordergrund, an dem sich das Kind emporhangelt, korrespondiert mit dem dunklen Weiher hinter der Wiese. Es ist, als hätte die Schreckensdimension so vieler harmlos anmutender Kindergeschichten auf die Umgebung übergegriffen. Auch Stille kann unheimlich sein. Tissot hat dieses Motiv mehrfach verwendet. Auf einem ähnlichen Bild ist das Kind von der Lektüre gefangen und nicht wie hier von etwas, das wir nicht sehen, abgelenkt.

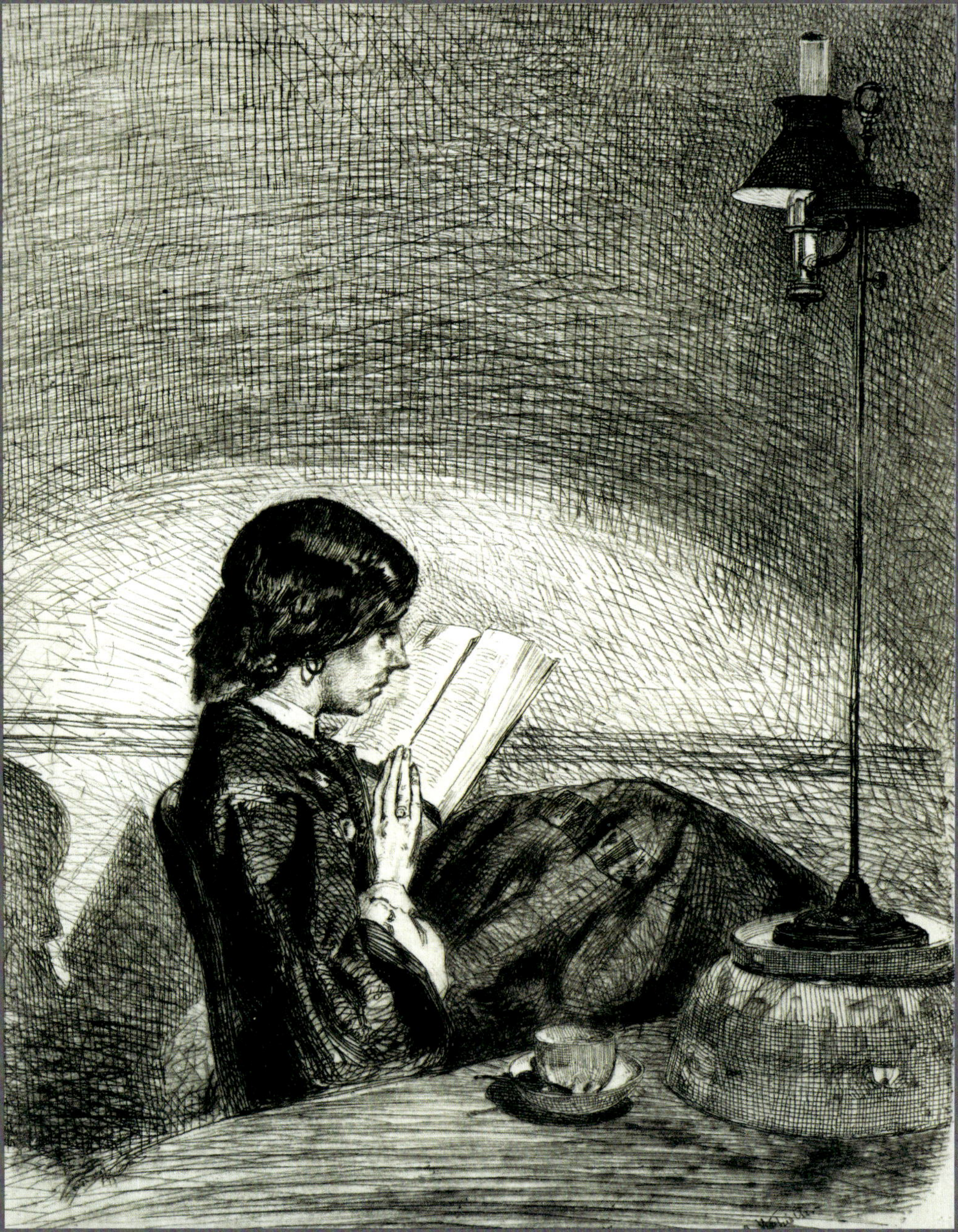

James Abbott McNeill Whistler, 1834 – 1903

Reading by Lamplight, 1858, Fine Art Society, London

James Abbott McNeill Whistler

Der in Amerika geborene, in London wirkende und sich als Pariser fühlende Maler und Radierer Whistler betitelte seine Gemälde gewöhnlich nach der vorherrschenden Farbstimmung: »Nocturne. Blau und Gold: Valparaiso«, »Arrangement in Grau und Schwarz Nr. 1: Bildnis der Mutter des Künstlers« oder einfach auch »Venedig in Türkis«, »Amsterdam in Topas«, »Bretagne in Opal«. Über die zuletzt genannten Ansichten schrieb Marcel Proust, sie hätten ihn in einen unbeschreiblichen Zustand nervöser Unruhe versetzt; niemals hätten Manet oder Degas ihn im gleichen Maße erregt. Whistler selbst waren die Impressionisten zu realistisch; er hielt die Symbolisten für moderner.

Seinen zahlreichen Kaltnadelradierungen gab Whistler hingegen geradezu prosaische Titel. »Reading by Lamplight« zeigt eine junge Frau im Profil, welche im Schein einer Petroleumlampe, eine Tasse Kaffee oder Tee neben sich, in einem Buch liest, das sie beängstigend dicht vor ihre Augen hält. Da das Licht der Tischlampe ausreichend hell zu leuchten scheint, bleibt eigentlich nur die Deutung übrig, dass die Lesende stark kurzsichtig ist. Vielleicht ist sie aber auch nur hoch konzentriert und duldet so wenig Distanz wie möglich zwischen sich und dem Buch. Leserin und Buch verschmelzen, zwischen ihnen hat nichts mehr Platz. Diese Leserin braucht nur einen gemütlichen Stuhl, Licht und eine fesselnde Lektüre für das kleine Glück.

Charles Burton Barber

Sport und Tiere, darunter Hühner und Entenfamilien, vor allem aber Hunde, etwa die Lieblingshunde der Königin Victoria, waren die bevorzugten Themen von Charles Burton Barber. Die chinesisch anmutende Teetasse auf dem Bild mag daran erinnern, dass der Mops wohl aus China zu uns kam. Mit der Mode der Chinoiserie hielt er auch Einzug in die Bürgerhäuser und wurde nicht nur als porzellanene Mopsfigur, sondern auch als hochgezüchteter Schmusehund bald zum Liebling insbesondere alleinstehender Damen. Auf diesem Bild ist er dagegen der Begleiter einer selbstbewussten jungen und schönen Frau.

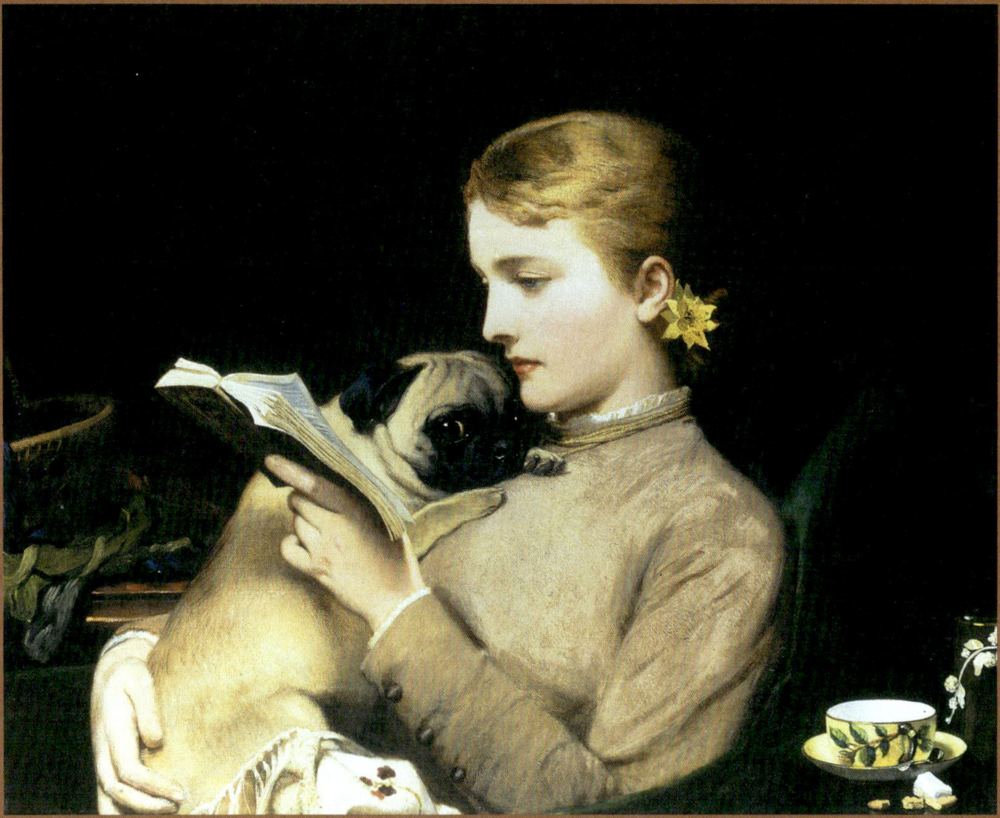

Charles Burton Barber, 1845 – 1894

Lesendes Mädchen mit Mops, 1879, Privatbesitz

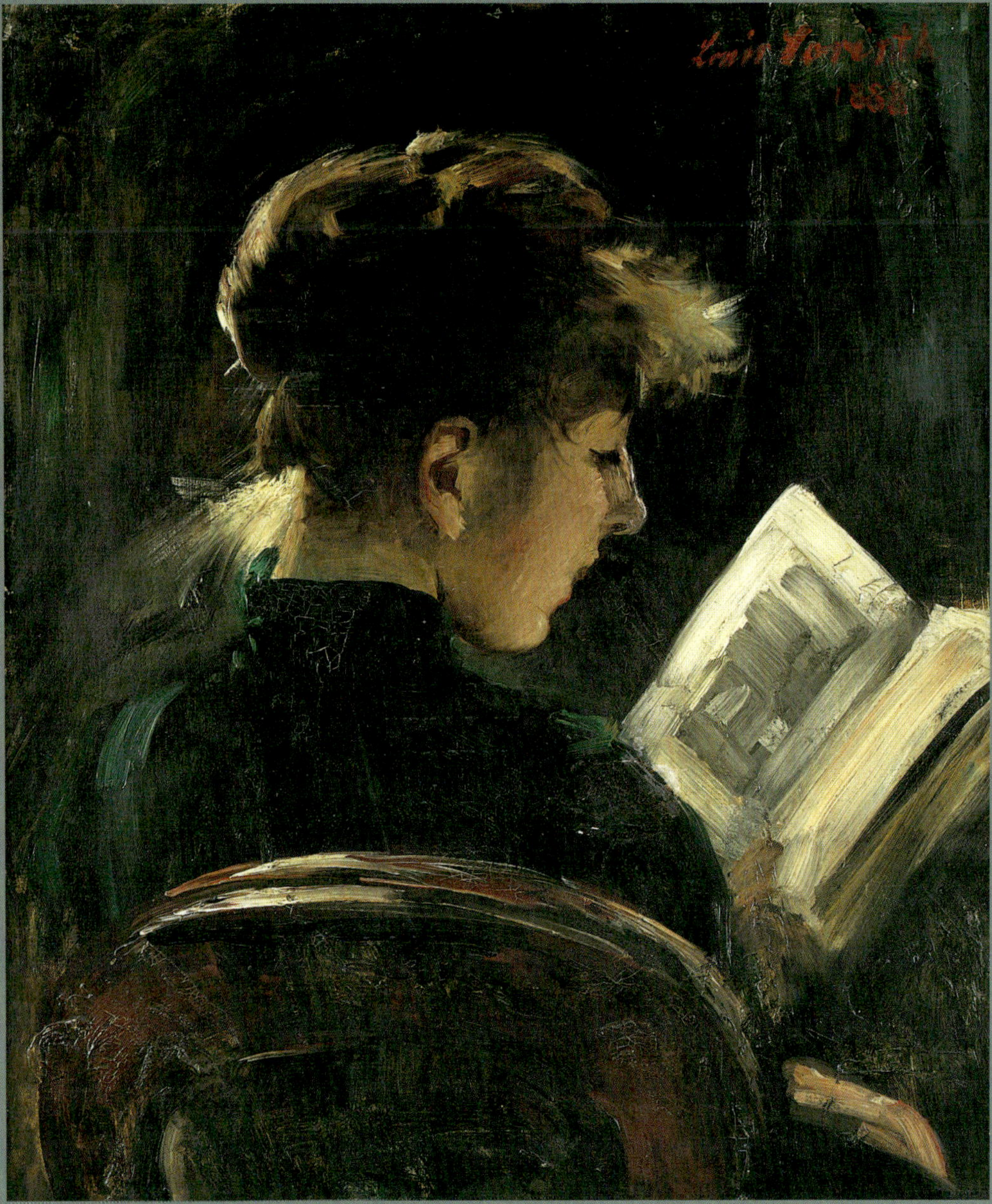

Lovis Corinth, 1858 – 1925

Lesendes Mädchen, 1888, Privatbesitz

Lovis Corinth

Nach einem mehrjährigen Studienaufenthalt in Paris, der aber nicht zu einer intensiveren Begegnung mit den Impressionisten führte, geht Corinth im Winter 1887/88 nach Berlin. Dort nimmt er den Künstlernamen »Lovis« an; es entstehen sein erstes, beinahe noch altmeisterliches Selbstporträt und dieses schöne Bild einer lesenden jungen Frau. Es besticht durch seinen ungewöhnlichen Blickwinkel, eine Dreiviertelansicht von hinten, das sogenannte »profil perdu«.

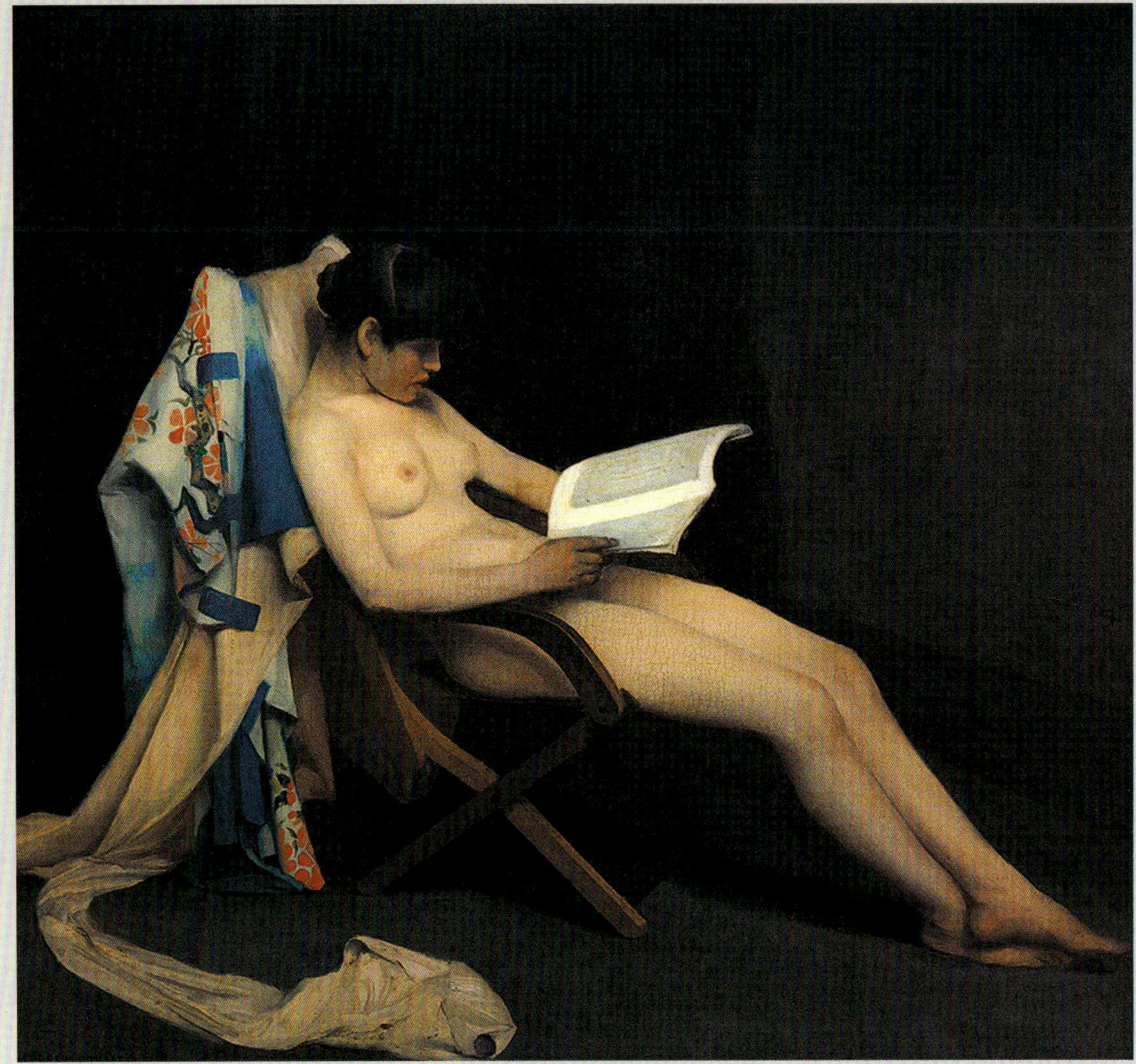

Théodore Roussel, 1847–1926

Lesendes Mädchen, 1886/87, Tate Gallery, London

Théodore Roussel

Als der französische Maler Théodore Roussel sein fast zweieinhalb Quadratmeter großes Gemälde »The Reading Girl« 1887 in seiner neuen Heimat London ausstellte, entrüstete sich der Kritiker des konservativen »Spectator« über die »schamlose Willkür«, mit der sich der Maler hier an einem schönen Thema vergreife. Besonders empörte den idealistischen Kritikergeschmack die Banalität des Sujets: Weder war die Frau eine Venus und ihre Nacktheit damit mythologisch überhöht noch las sie in einem anständigen Buch. Denn der Lesestoff, den die junge Frau beinahe gleichgültig über ihr Geschlecht hält, das sich, unsichtbar, genau im Bildzentrum befindet, ist eine Illustrierte. Wir sind im Medienzeitalter angekommen, von dessen ersten Rezipientinnen wir hier eine kennenlernen – leidenschaftslos entspannt, beinahe gelangweilt.

Die Entrüstung, die Roussels Bild auslöste, ging auf kalkulierte Provokation zurück. Wie die Zeitgenossen rasch bemerkten, bezog Roussel sich auf Manets Gemälde »Olympia«, das gut 20 Jahre zuvor vor den Stockschlägen zornentbrannter Besucher durch zwei Wächter geschützt werden musste. Es zeigt ein Freudenmädchen, das den Besuch eines Kunden erwartet. Nicht an Skandalträchtigkeit, wohl aber an Banalität gelang es Roussel, den großen Manet zu übertreffen. Denn statt irgendeine Geschichte anzudeuten, zeigt er sein neunzehnjähriges Modell, wie es lässig für ihn posiert. Einzig der kunstvoll über die Rückenlehne des Stuhls drapierte Kimono bringt Exotik ins Bild.

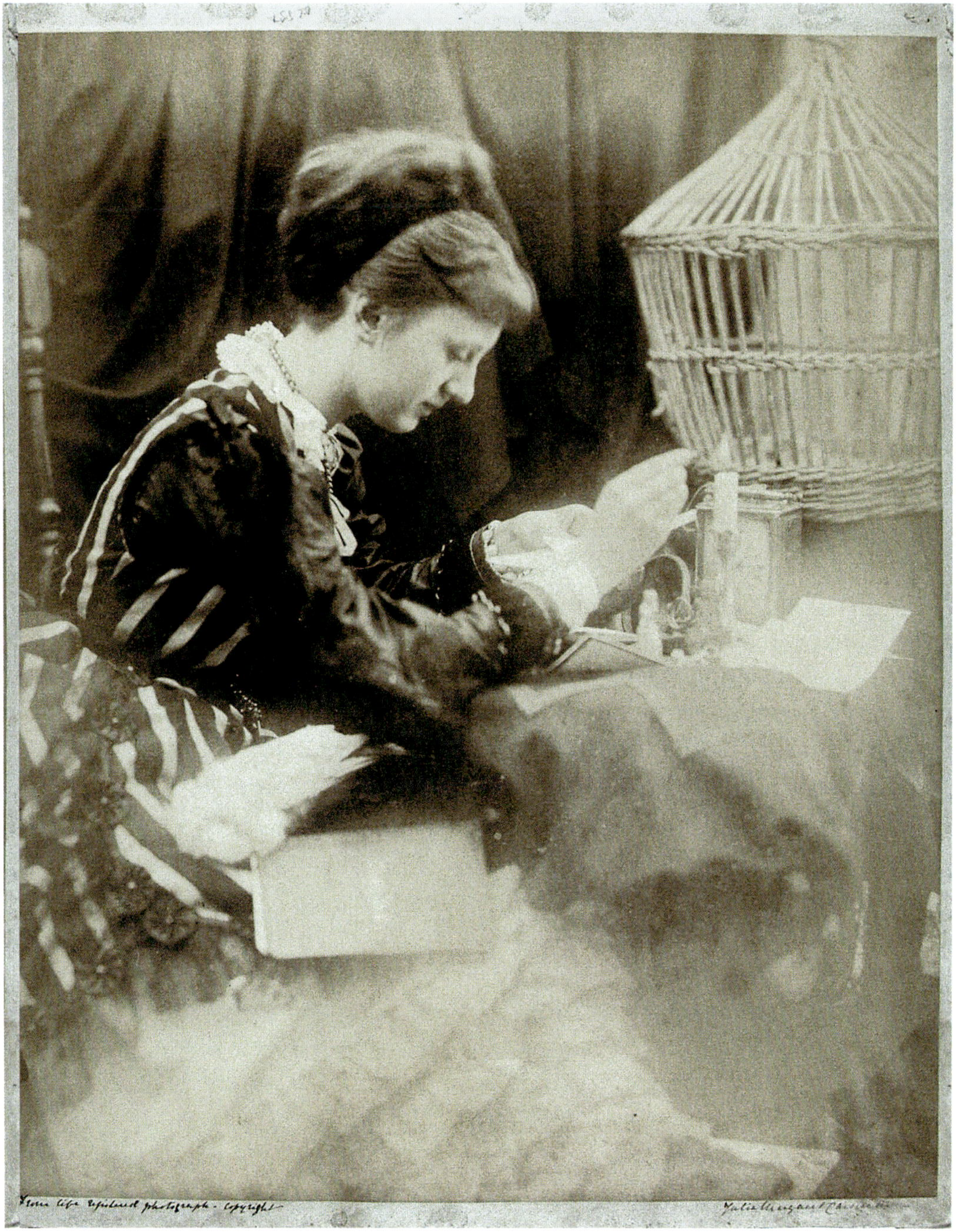

Julia Margaret Cameron, 1815–1879

Alice Liddell, 1870, Julia Margaret Cameron Trust, Freshwater Bay, Isle Of Wight

Julia Margaret Cameron

Mit der Fotografie begann die Mutter von sechs Kindern im Alter von 49 Jahren. Die Tochter hatte ihr eine Kamera mit den Worten geschenkt: »Vielleicht amüsiert es dich, wenn du in deinen einsamen Stunden versuchst zu fotografieren ...« Trotz des Mangels an einsamen Stunden wurde aus dem Zeitvertreib rasch große Kunst. Sie habe eine Ahnung gehabt, schrieb Julia Margaret Cameron in ihren Memoiren, dass sie die Fotografie revolutionieren und sogar Geld damit verdienen werde.

Für Cameron stand fest, dass die Fotografie – wie die Malerei – das Schöne sucht. So entwickelte sie eine künstlerische Porträtfotografie im Stil der damals tonangebenden, literarisch orientierten, stark symbolistischen Präraffaeliten. In ihren ambitionierten Arrangements greift die Fotografin auf biblische oder mythologische Szenen der bildenden oder dramatischen Künste zurück: diese werden nachgestellt und dabei interpretiert. Daneben schuf sie eine ausdrucksstarke Porträtfotografie. Dabei kam es ihr vor allem auf die Plastizität der Bilder an. Was Zeitgenossen als technische Unzulänglichkeit erschien – auf Camerons Aufnahmen ist immer nur eine Partie scharf eingestellt und der Rest verschwimmt weich –, diente ihr als künstlerisches Ausdrucksmittel, um eine dramatische Dichte und die Darstellung von Gefühlen zu erzielen.

Die brieflesende Frau auf dem Bild zeigt Alice Liddell im Alter von 18 Jahren – lange Zeit, nachdem der Mathematiker Charles Lutwidge Dodgson der Sechsjährigen und ihren Schwestern während einer Bootsfahrt auf der Themse phantastische Geschichten erzählt hatte, deren Heldin nicht zufällig ebenfalls Alice hieß. Dodgson sollte später unter seinem Pseudonym Lewis Carroll mit seiner Erzählung »Alice im Wunderland« weltberühmt werden.

Vincent van Gogh

Wie viele Maler vor ihm, hält van Gogh nicht den Vorgang des Lesens selbst, sondern den Zustand seines Nachwirkens fest – wenn der Blick sich von den Zeilen des Buches gelöst hat und das soeben Gelesene in den Gedanken des Lesers sein Echo und seine Fortsetzung findet. Ungewöhnlich hingegen ist, dass van Goghs Lesende den Blick vom Betrachter des Bildes weg in eine unbestimmte Ferne richtet; der auf den Arm gestützte Kopf charakterisiert sie zudem als Melancholikerin. Wie alle geistigen Tätigkeiten entzieht sich der Vorgang des Lesens der naturalistischen Darstellung. Zeigen kann uns der Maler lediglich eine Person, deren Köperhaltung und Blick darauf schließen lassen, dass sie gerade liest. Tut er dies, liegt die Suggestion nahe, dass das Lesen ein Vorgang ist, der sich selbst genügt – als würde die Suche nach Wahrheit schon im Lesen an ihr Ziel gelangen. Van Goghs Madame Ginoux scheint dieser verbreiteten Ansicht widersprechen zu wollen: Das Lesen der Bücher, so kann uns diese einfache, ältere, schwermütig-weise Frau sagen, liegt an der Schwelle des geistigen Lebens; es führt uns darin ein, aber es ist nicht schon selbst das Ziel.

Die Bildnisse van Goghs hätten ohne ihre häufig überraschende Farbgebung nicht den Offenbarungscharakter, der uns immer wieder in Staunen versetzt. Hier ist es das beinahe schreiende Gelb des Hintergrunds, das die Gestalt verdunkelt und sie doch zugleich von Licht umflort erscheinen lässt. Er wolle Mann und Frau eine »Anmutung des Ewigen« geben, hat van Gogh dazu bemerkt: Was einst durch den Heiligenschein symbolisiert wurde, versuche er »durch das Strahlen und Vibrieren der Farben« wiederzugeben.

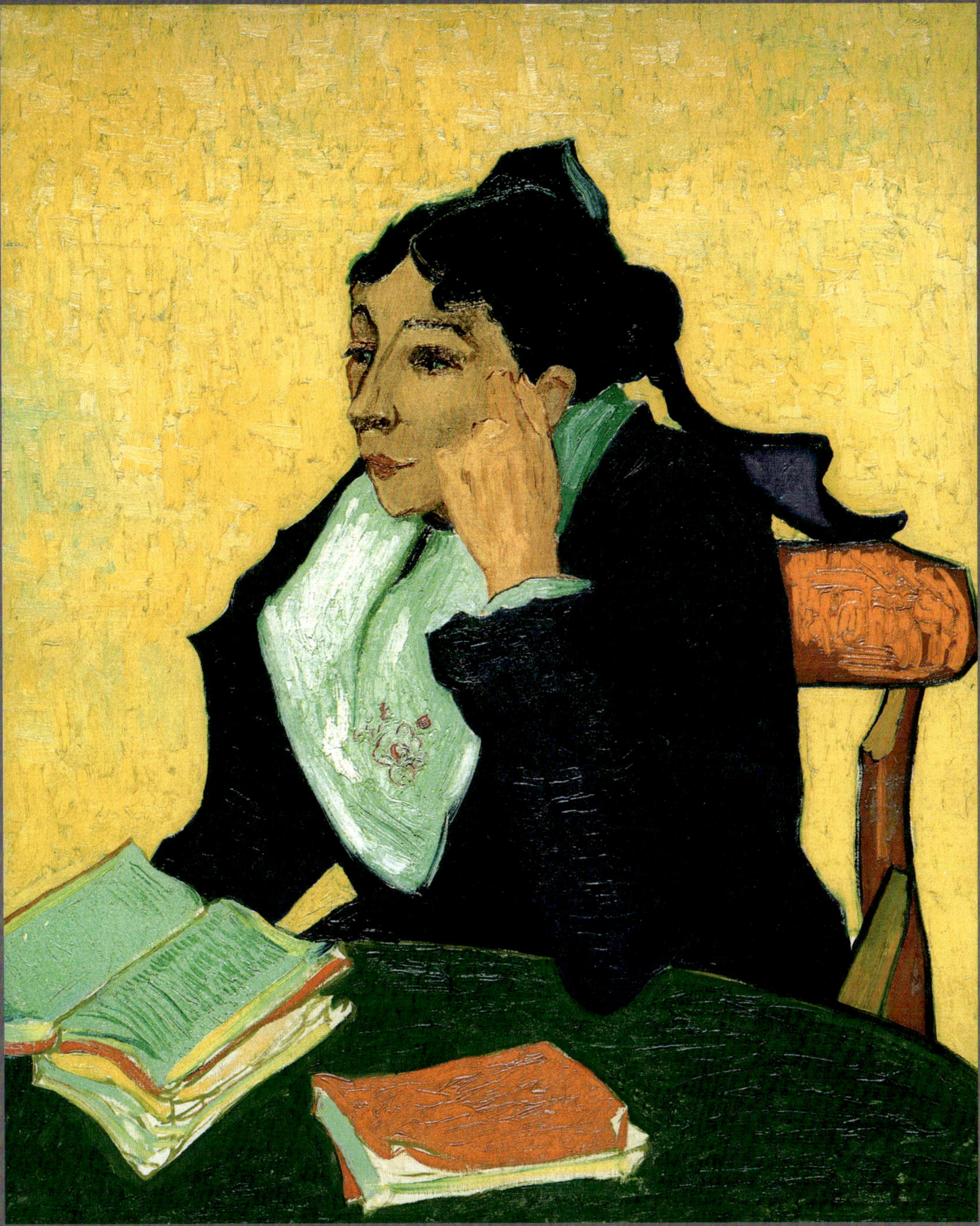

Vincent van Gogh, 1853 – 1890

L'Arlésienne (Madame Ginoux), 1888, Metropolitan Museum of Art, New York

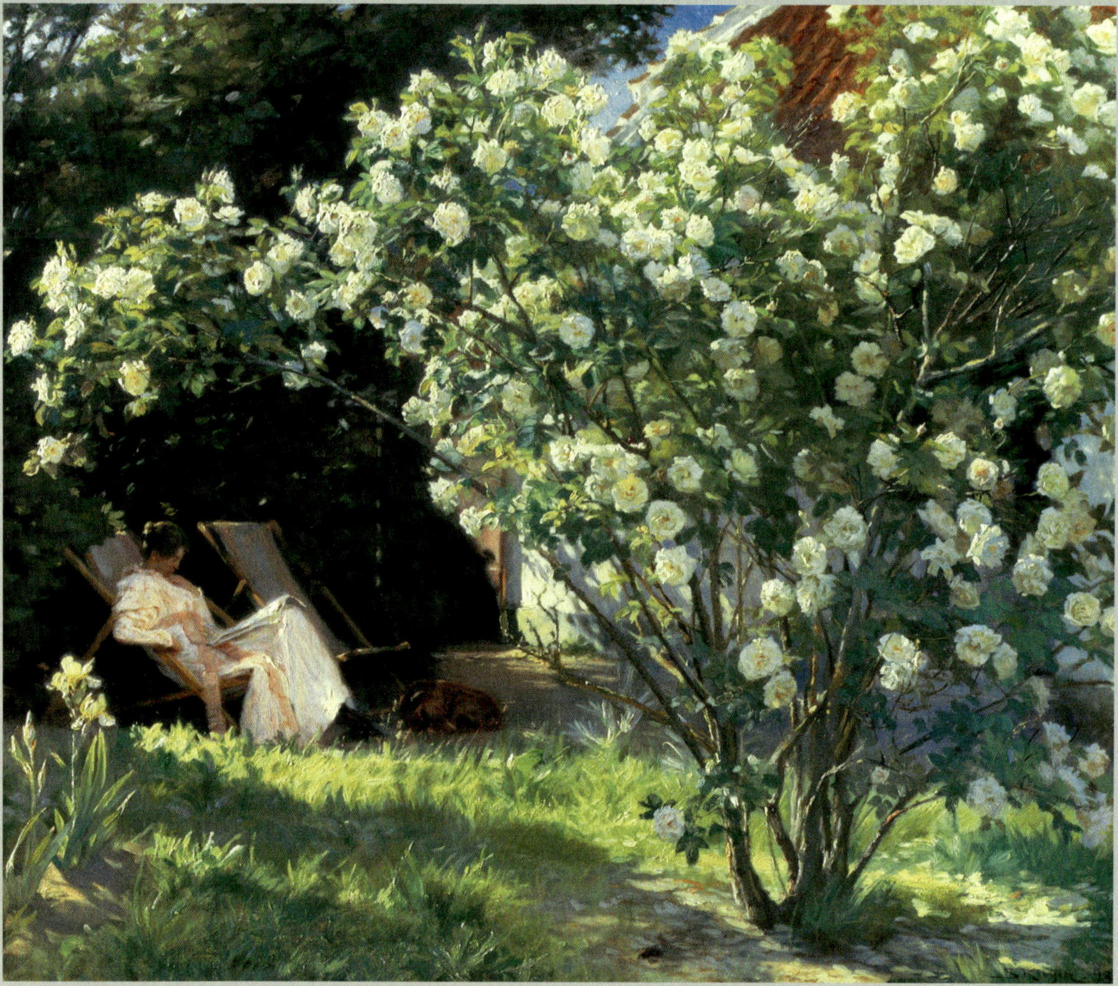

Peter Severin Krøyer, 1851–1909

Rosengarten, 1893, (Die Frau des Malers im Garten in Skagen)
Skagens Museum, Skagen

Peter Severin Krøyer

Nach Aufenthalten in Paris, Spanien sowie in Italien ließ sich der gebürtige Norweger Peter Severin Krøyer in der dänischen Künstlerkolonie Skagen nieder. Dort entstanden, insbesondere während der kurzen nordischen Sommer, zahlreiche, im Garten des Hauses gemalte Bilder, auf denen öfter auch Marie Krøyer, seine Frau, zu sehen ist. Den beiden Liegestühlen im Hintergrund hat Krøyer auch ein eigenes Bild gewidmet; wiederum liegt im linken von beiden Marie, müßiggängerisch in einer Zeitung lesend, während der rechte frei bleibt und wohl auf den Maler wartet, der nach getaner Arbeit vor dem Motiv an die Seite seiner geliebten Frau zurückkehren wird. Wir spüren den Einfluss der Impressionisten, die so gerne draußen malten und ihre Sujets unter freiem Himmel darstellten. Lesen in der Natur, in der Sonne im Sommer, muss für die von langen Wintern geprägten Norweger ein besonderes Vergnügen gewesen sein.

Vittorio Matteo Corcos

Junge, träumerisch blickende, gedankenverlorene Frauen, häufig in zweifelhaften Milieus, waren in den 1880er- und 1890er-Jahren die Spezialität des florentinischen Malers Vittorio Matteo Corcos. Corcos hatte vier Jahre in Paris studiert und dort die Zweideutigkeiten der Belle Époque kennengelernt. Eine Reminiszenz an diesen Aufenthalt ist der Stapel mit den drei gelben Bänden der berühmten Buchreihe des Verlagshauses Garnier an der Seite der jungen Frau.

Die verwehten Blätter auf dem Boden sowie die abgelegten Sommerrequisiten Strohhut und Sonnenschirm neben dem Bücherstapel weisen auf ein erstes Thema des Bildes: die Vergänglichkeit des Daseins. Auf den Sommer folgt der Herbst. Doch ist es das, worum die Gedanken der jungen Frau kreisen?

Unter dem verwelkenden Laub finden sich auch rote Blütenblätter; sie stammen von einer Rose, die der Bücherstapel vor dem Herunterfallen von der Bank bewahrt. Die Rose, und gar die rote, ist ein Symbol der Liebe; auch sie scheint verwelkt, vergangen, dahin. Die Rose ist aber auch ein Symbol der Unschuld: In vielen Gegenden Europas wurde sie traditionell von der Braut am Hochzeitsmorgen in einen Fluss geworfen, um damit den Abschied vom Mädchendasein zu symbolisieren.

Dies könnte das Thema des Bildes sein: Der Sommer, der gerade Abschied nimmt, hat aus einem Mädchen eine selbstbewusste Frau gemacht. Vielleicht hat dazu auch die Lektüre beigetragen. So scheint die Rose als Lesezeichen gedient zu haben. Die Art, wie die Leserin ihren Kopf beinahe trotzig aufrichtet, zeigt jedenfalls: Sehnsucht nach Rückkehr in den Zustand der Unschuld ist ihre Sache nicht. Der Titel des Bildes führt in die Irre: Diese Leserin ist keine Träumerin.

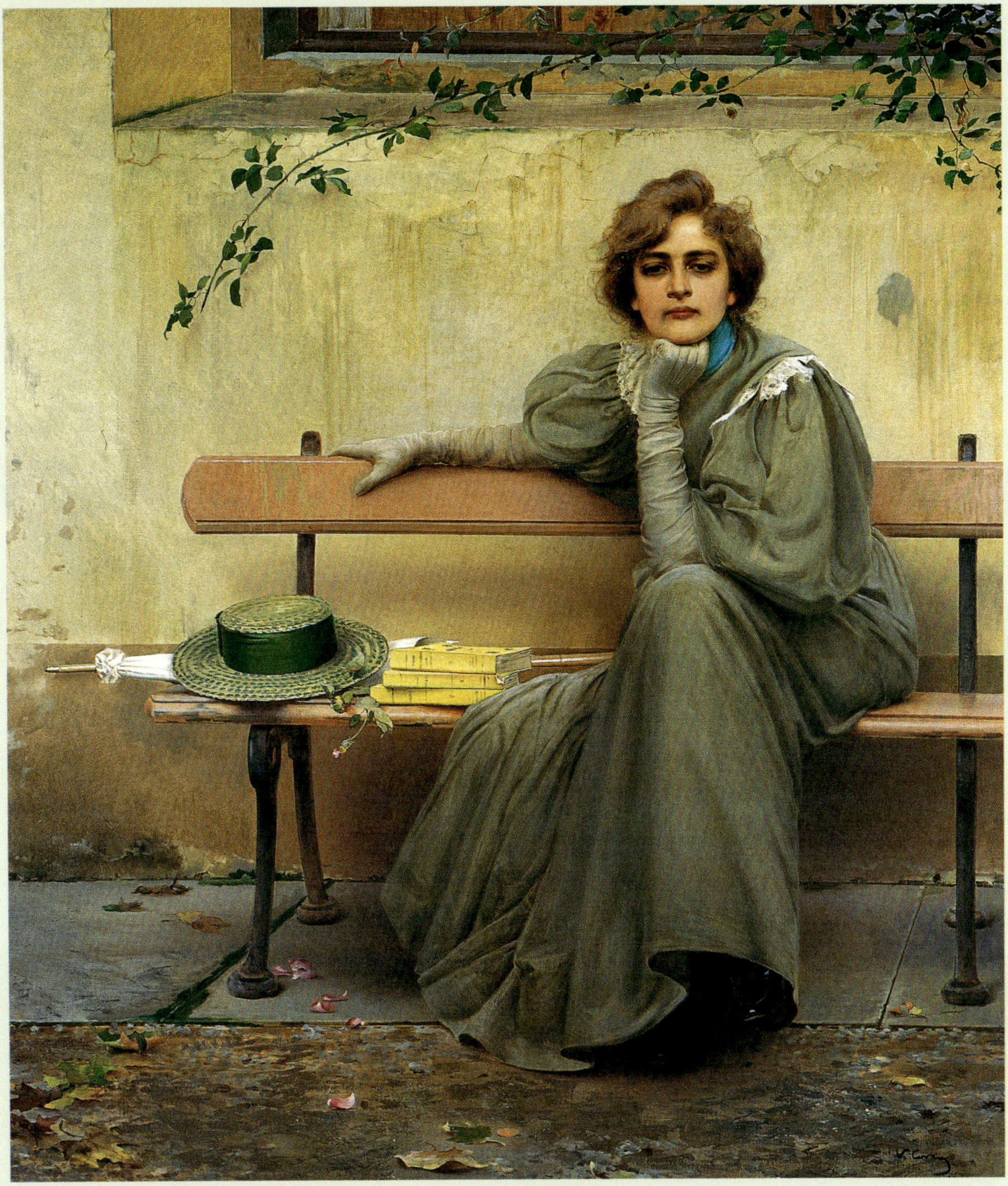

Vittorio Matteo Corcos, 1859 – 1933

Träume, 1896, Galleria Nazionale d'Arte Moderna, Rom

Ottilie Wilhelmine Roederstein

Schädel, Glasphiole, das Regal voller Lehrwerke, eins davon ausgestellt auf dem Pult, ein weiteres aufgeschlagen und mit den zartgliedrigen Fingern der linken Hand fixiert, während die rechte, bereit zum Exzerpieren, die Schreibfeder hält – das hier ist unzweifelhaft ein Gelehrtenporträt, nur dass das generische Maskulinum das Entscheidende unterschlägt. Denn gegen die Konvention des seit der Renaissance beliebten Genres ist es auf diesem Porträt aus dem Jahr 1887 eine Frau, die die Attribute von Wissenschaft und Gelehrsamkeit auf sich vereinigt. Einen kurzen Moment lang blickt sie uns an, um sich dann wieder ihren Studien zu widmen – mit höchster Konzentration, wie ihr Blick verrät, dem auch Selbstbewusstsein und etwas sehr Liebesvolles beigemischt sind.

Die Gelehrte ist die spätere Gynäkologin Elisabeth Winterhalter, die erste deutsche Chirurgin. Wie Lou Andreas-Salomé oder die Frauenrechtlerin Anita Augspurg gehörte die gebürtige Münchnerin zu den jungen Frauen, die in die Schweiz gingen, um dort die Universität zu besuchen – in ihren Heimatländern war das für Frauen nicht möglich. Dort lernte die neunzehnjährige Medizinstudentin 1885 die um einige Jahre ältere, aus Zürich stammende Ottilie Roederstein kennen, die gerade im Begriff war, sich in Paris einen Namen als Porträtmalerin zu machen. Ihre Synthese aus altmeisterlichem Stil und einem modernen Menschenbild sollte sich als Erfolgsrezept erweisen, das der Künstlerin erlaubte, ein unabhängiges Leben zu führen. Das Bildnis der Freundin ist nach einem Foto gemalt; ich stelle mir vor, dass Ottilie es Elisabeth als Liebesgabe mitbrachte, als sie 1887 nach sieben Lehr- und Wanderjahren aus Paris nach Zürich zurückkehrte. Die Liebesbeziehung der beiden war ein Bündnis fürs Leben: zwei Frauen, die in wechselseitiger Akzeptanz und Unterstützung ihren individuellen Weg gingen – »frei. schaffend«, wie die Ausstellung betitelt war, die 2021 das Städel Museum Ottilie Roederstein widmete.

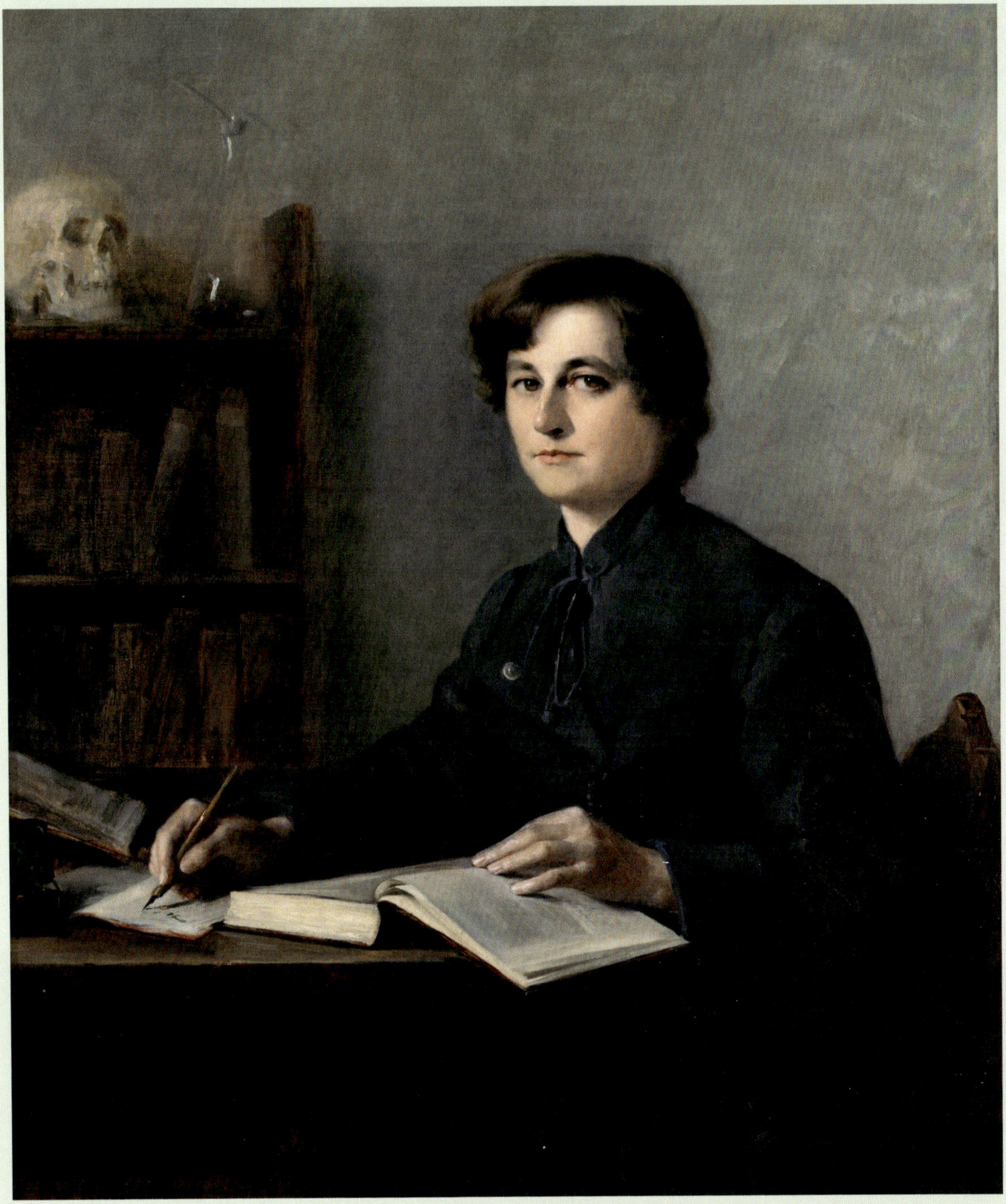

Ottilie Wilhelmine Roederstein, 1859–1937

Bildnis Dr. Elisabeth Winterhalter, 1887–1888, Städel Museum, Frankfurt am Main

Kleine Fluchten

Einsame Leserinnen

Im 20. Jahrhundert wurde das Buch zum Massenprodukt. Noch nie gab es so viele und so günstige Bücher. Insofern hätte es ein Goldenes Zeitalter des Lesens werden müssen. Die ernüchternde Bilanz, dass Bücher im Vergleich zu Zeitungen, Film, Radio, Fernsehen, zuletzt Computer und Internet immer mehr an Bedeutung verlieren, stimmt so allerdings nur für die Männer. Frauen lesen nicht nur mehr, sondern auch anders.
In Büchern suchen sie Antworten auf bedeutende Fragen des Lebens. Aus der großen Passion sind kleine Fluchten geworden.

Jessie Marion King

Der Jugendstil ging aus der Gebrauchskunst hervor und erlebte seinen Höhepunkt Anfang des 20. Jahrhunderts. Mitten im Industriezeitalter machten sich Künstler aus ganz Europa auf, neue Paradiese zu schaffen. Ihre Ornamente legten sich wie ein Zauber auf die Alltagsgegenstände. Die Ära des Design war geboren. Die »magische Grammatik«, für die die Illustratorin und Designerin Jessie M. King dieses Bild schuf und die sie in die Hand einer Unschuldigen legt, ist eine Kunst der Verwandlung: In der Zeichnung vereinigt sie zwei der berühmten Mackintosh-Rosen zu einem Herzen; die Herzen werden zu Mädchen, die Mädchen zu Schmetterlingen und die Schmetterlinge zu Zaubersprüchen.

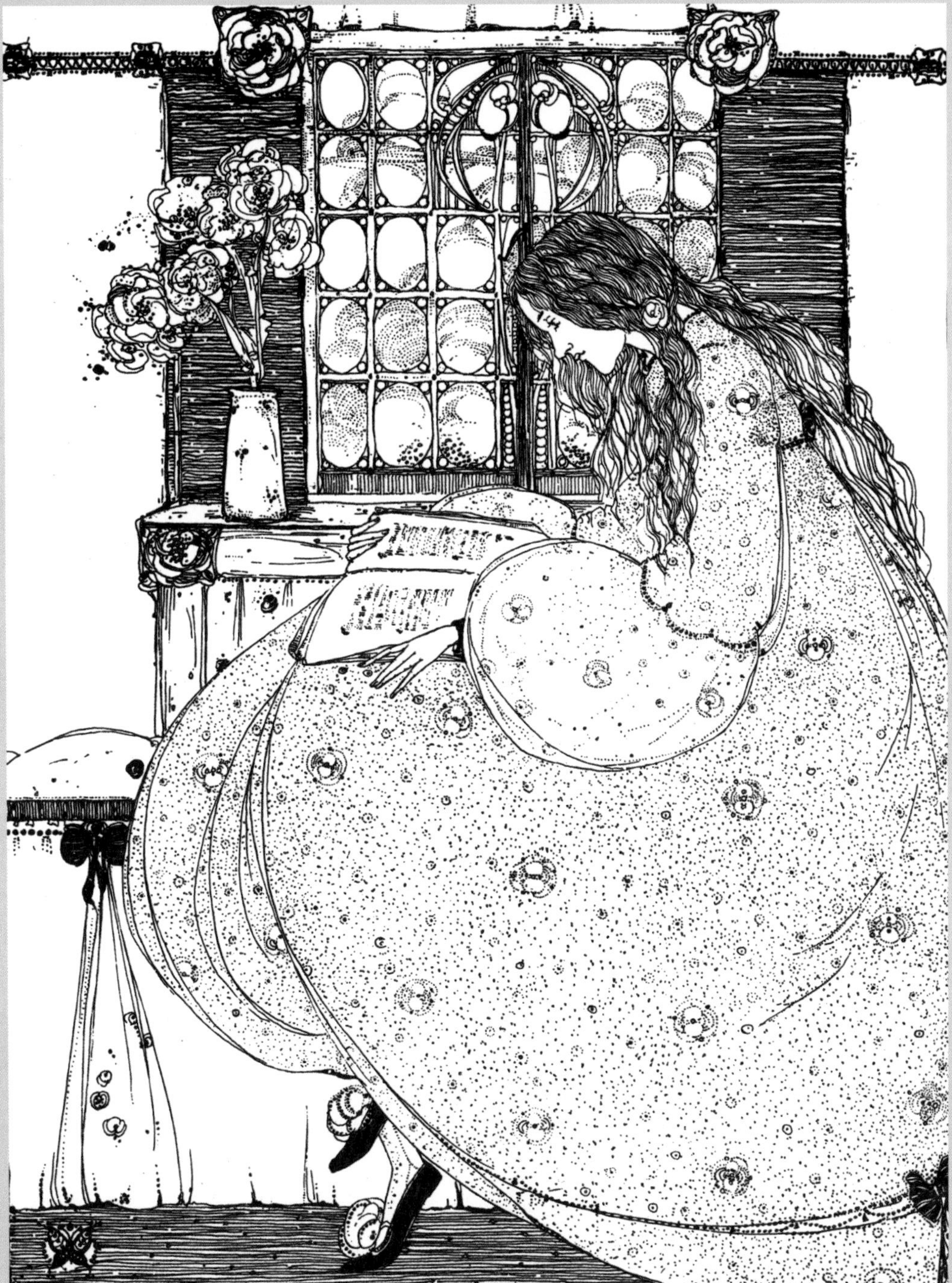

Jessie Marion King, 1876–1949

The Magic Grammar, um 1900

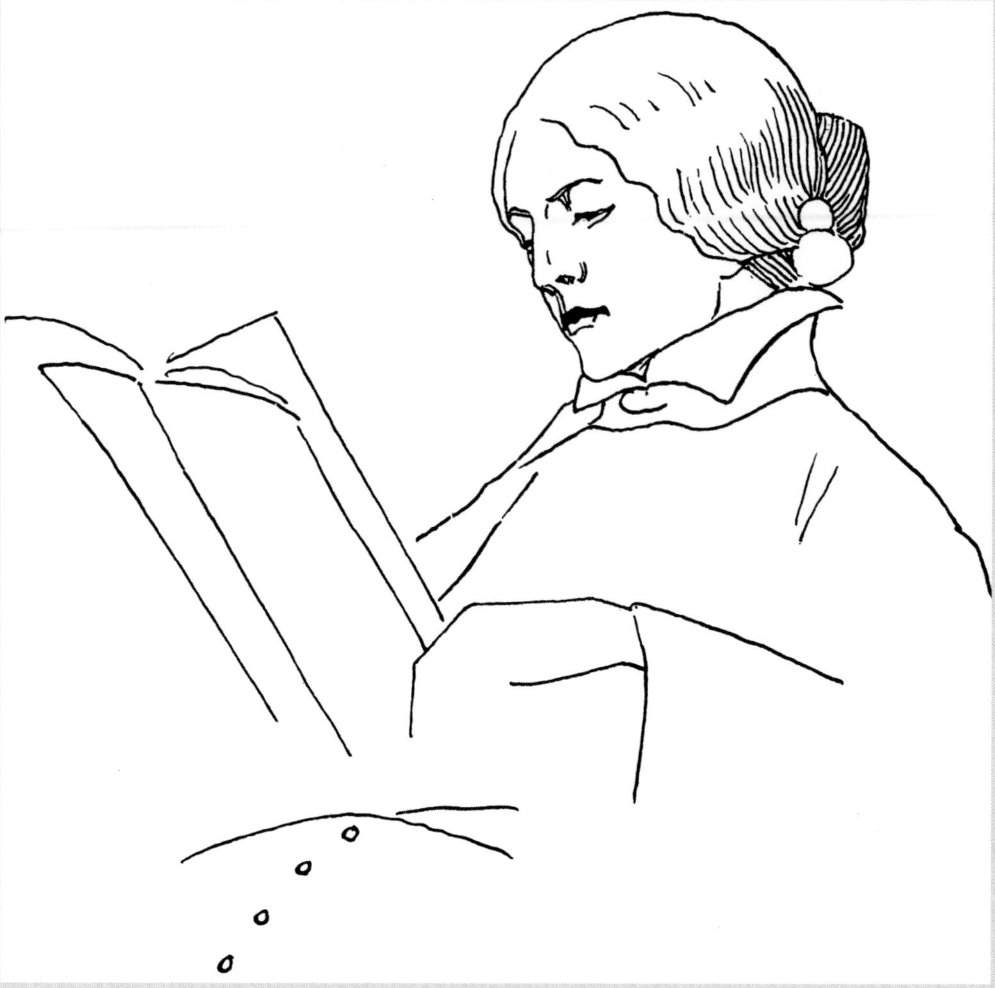

Heinrich Vogeler, 1872–1942

Martha Vogeler, um 1905

Heinrich Vogeler

Die Künstlerkolonie Worpswede war eine Gründung aus dem Geist des Jugendstils. Der Maler und Buchkünstler Heinrich Vogeler baute dort den Barkenhoff – ursprünglich ein Bauernhof – zu einem Jugendstilgebäude um und machte ihn zum Mittelpunkt der Worpsweder Kunstbewegung. Durch die Erfahrung des Ersten Weltkriegs politisiert, gründet er dort danach eine kommunistische Arbeitsschule und wanderte schließlich nach Russland aus. Elemente seines späteren sachlich-realistischen Stils finden sich, allerdings ohne jede ideologische Aufladung, bereits in dieser Zeichnung seiner Frau Martha aus dem Jahr 1905.

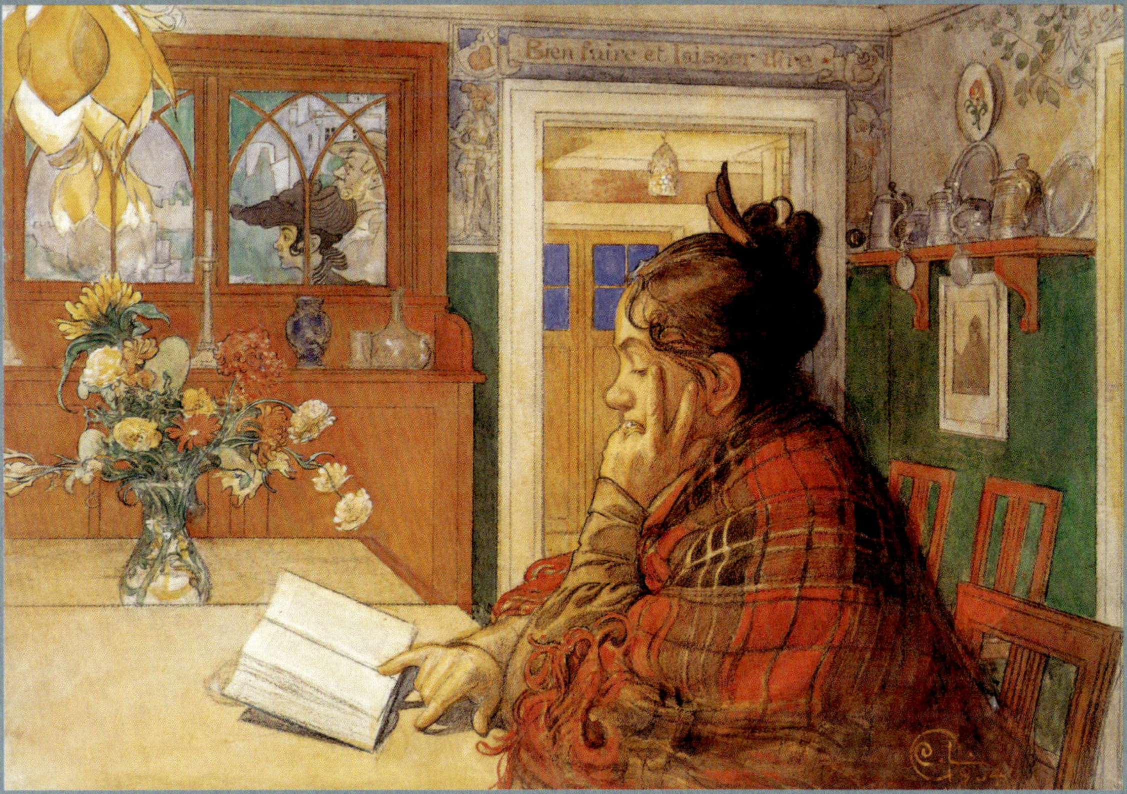

Carl Larsson, 1853 – 1919

Karin lesend, 1904, Zornsamlingarna, Zornmuseet, Mora

Carl Larsson

Zur Reformbewegung des Jugendstils, der eine neue Ästhetik des Lebens schaffen wollte, lässt sich auch der schwedische Maler Carl Larsson zählen. Weit über seine Heimat hinaus ist er mit Bilderbögen berühmt geworden, in denen er das Alltagsleben seiner Familie in einem Haus auf dem Land zu einer durchgestalteten Lebenswelt verdichtet. Dem heutigen Betrachter springt die Idylle eines Lebens fern der Rastlosigkeit der großstädtischen Welt ins Auge. Larsson verfolgte jedoch ein weit darüber hinausgehendes Ziel: Er wollte den wohnenden Menschen aus dem Futteral befreien, in das ihn das 19. Jahrhundert eingesperrt hatte. Lange vor den avantgardistischen Bestrebungen der 1920er-Jahre propagierte Larsson das preiswerte, nach außen hin geöffnete Haus, das uns das Zusammenleben erleichtert und in dem sich in einer Atmosphäre voll Licht, Luft, Bewegung und Offenheit wohnen lässt. Dabei bildete für ihn die bäuerliche Kultur weiterhin das Fundament der schwedischen Nation. Nach dem Zweiten Weltkrieg jedoch entdeckten nicht nur die Schweden, dass das larssonsche Ideal des unprätentiösen, familienorientierten Wohnens, der hellen, ökonomisch möblierten Räume exakt zu den gar nicht bäuerlichen Bedürfnissen und Bedingungen des modernen Lebens passt. Ikea hat mit diesem Modell den Weltmarkt erobert.

Das Bild zeigt Larssons Ehefrau Karin, die als Designerin an der Ausprägung des neuen Wohnstils entscheidenden Anteil hatte. Nach einem harten Arbeitstag sucht sie Entspannung in der Lektüre. Elektrisches Licht von einer Lampe, deren Schirm Kaktusblüten nachempfunden ist, sorgt dabei für angenehme Beleuchtung.

Vilhelm Hammershøi

Der Kopenhagener Maler Vilhelm Hammershøi bezog 1898 mit seiner Frau eine großzügige Wohnung im ersten Obergeschoss des aus dem 17. Jahrhundert stammenden Hauses Strandgade 30. Vor dem Einzug ließ das Paar Türen, Fenster, Täfelungen und Zierleisten einheitlich weiß, die zuvor farbigen Wände und Decken grau streichen. Fortan sollte die nur spärlich möblierte Wohnung ihrem Mieter als Laboratorium und Schauplatz einer so erstaunlichen wie rätselhaften Interieurmalerei dienen.

Das »Interieur mit lesender Frau« ist eines der ersten dort entstandenen Bilder. Unschwer lässt es sich als spiegelbildliche Verkehrung von Vermeers »Briefleserin in Blau« erkennen (S. 63). Statt mit dem Gesicht zum Fenster, steht Hammershøis Briefleserin vor einer geöffneten Tür, die in das angrenzende Zimmer führt. Und statt vor einer Landkarte, die bei Vermeer einen zweiten Außenbezug herstellt, steht sie vor einer weiteren, diesmal geschlossenen Tür. Hinter dieser Tür wiederholt sich, wie ein später entstandenes Bild zeigt, die Konstellation: ein Raum mit zwei Türen, von denen ebenfalls eine offen steht. Alle Hinweise, die den Brief und seine Leserin in den Kontext einer Geschichte einbetten, sind auf Hammershøis Bild getilgt. Die Zeit hält nicht für einen intimen Augenblick den Atem an, sie steht dauerhaft still. Selbst der Brief scheint aus dem Nirgendwo zu kommen – auch er gewissermaßen eine Tür, die nur auf sich selbst verweist. Aus diesen Raumfluchten ist eine Flucht, und sei es auf den imaginären Schwingen der Lektüre, von vornherein zum Scheitern verurteilt. Wo es aber nichts mehr zu erzählen gibt, erstarren auch die Lesenden zur leblosen Figurenstaffage.

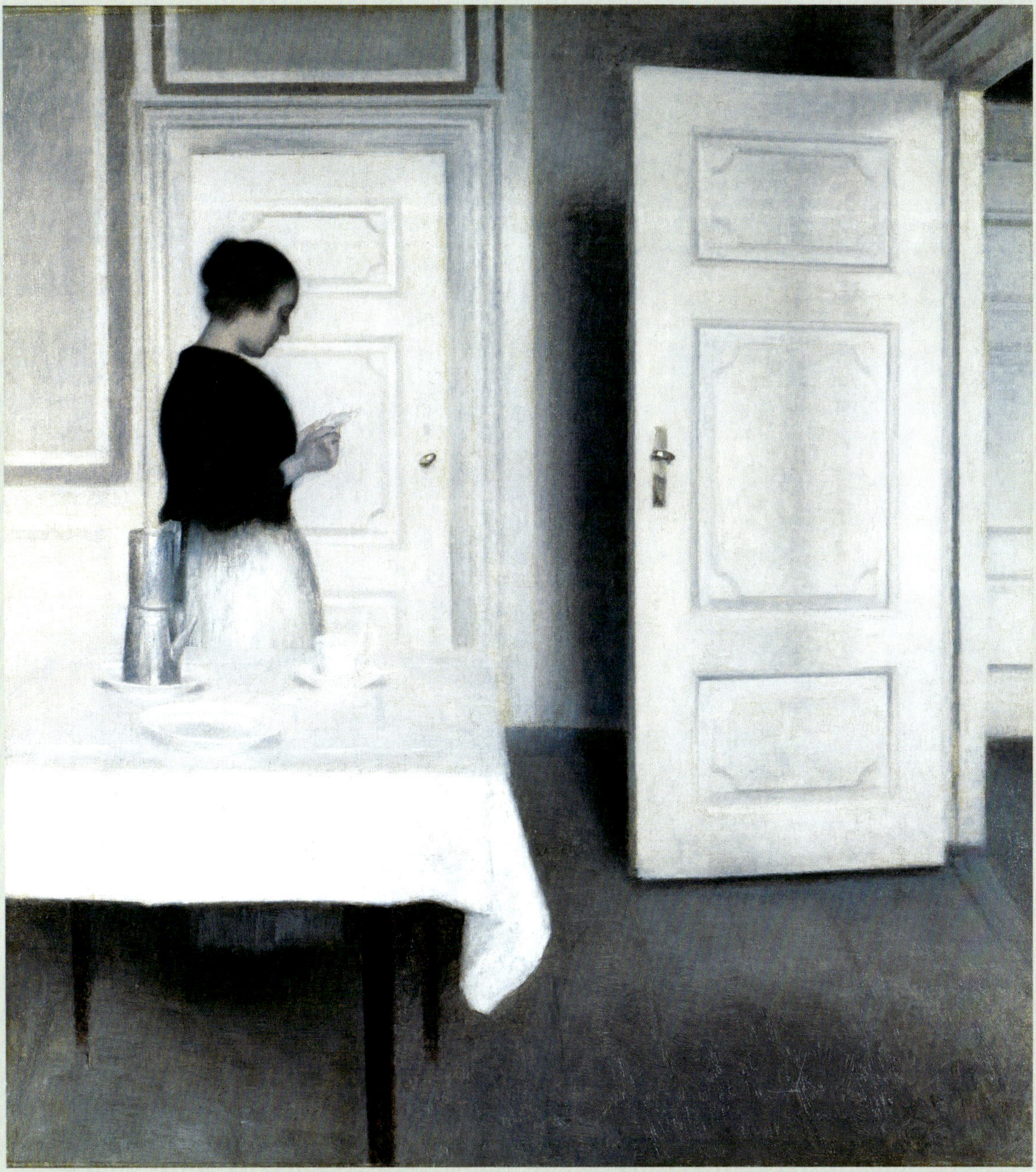

Vilhelm Hammershøi, 1864–1916

Interieur mit lesender Frau, Strandgade 30, 1899, Privatbesitz

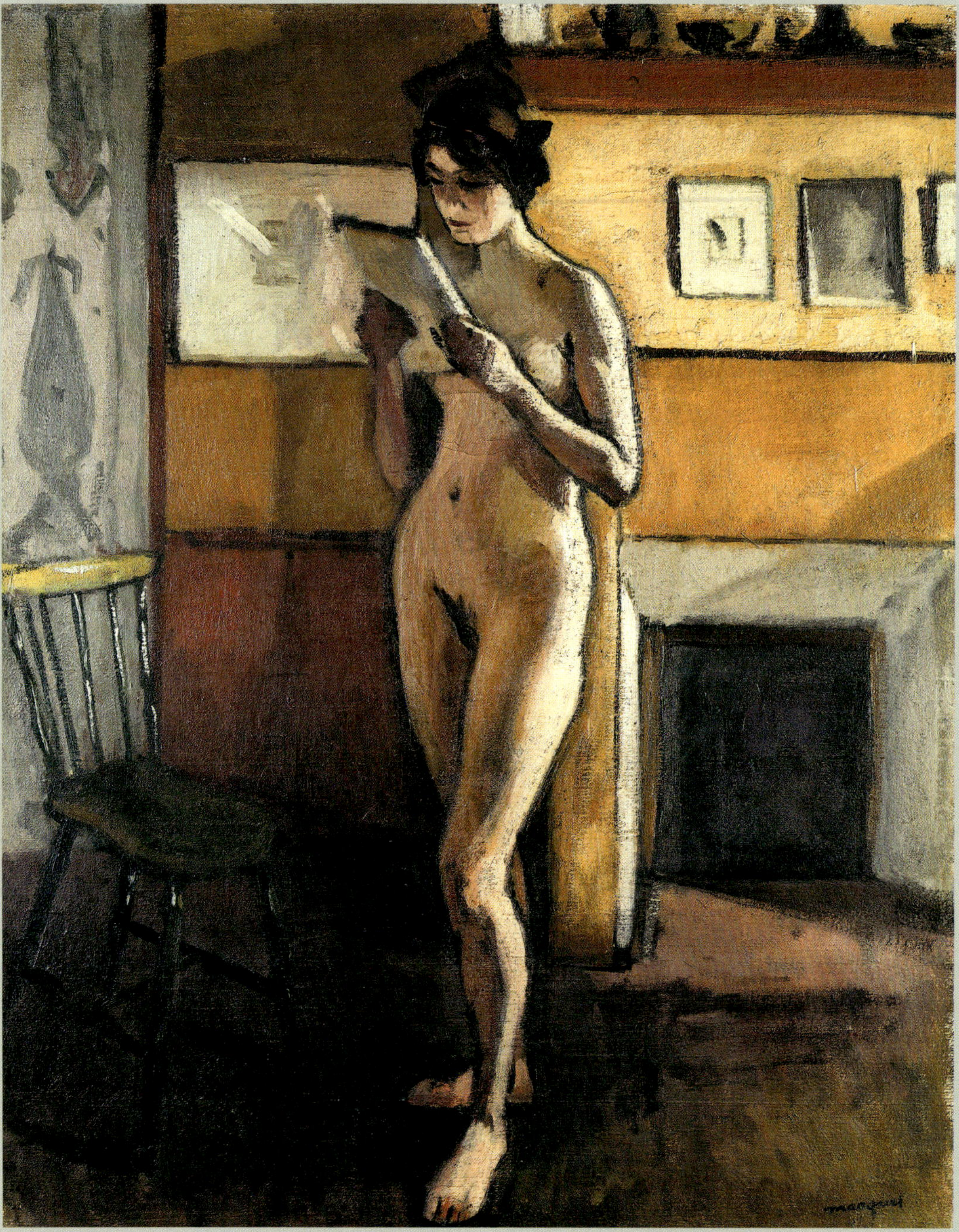

Albert Marquet, 1875–1947

Stehender weiblicher Akt, 1910, Privatbesitz

Albert Marquet

Die Stärke des französischen Malers und Matisse-Freundes Albert Marquet lag gewiss nicht in der Phantasie: Beherrscht wird sein Werk von Hafenansichten, Stadt- und Strandszenen, die dennoch in ihrer Reduziertheit und Schlichtheit eine eigene Poesie entfalten. Marquet malte, wo immer er hinkam. Gewöhnlich mietete er auf Reisen ein Zimmer mit Aussicht auf den Hafen oder die Stadt und brachte aufs Bild, was sich seinem Blick bot, authentisch, aber nicht fotografisch getreu.

Eine thematische Ausnahme in seinem Werk bilden die Aktbilder, die er zwischen 1910 und 1912 in seinem Pariser Atelier schuf; sie verblüffen durch ihre Herbheit und ihre zumindest gut gespielte Gleichgültigkeit. Seine Frauen haben nichts von der vibrierenden Nacktheit eines Akts von Pierre Bonnard oder der strahlenden Unbekümmertheit eines Renoir; was sie hingegen auszeichnet, sind Strenge und eine verhaltene Durchsetzungskraft. Marquets bevorzugtes Modell war seine Geliebte Yvonne, die in Wirklichkeit Ernestine Bazin hieß. Entweder malte er sie ausgestreckt auf einem Divan liegend oder, wie in unserem Bild, aufrecht stehend und dabei das Bild beinahe in seiner ganzen Höhe ausfüllend. Dabei ist ihr schmaler Körper mit einer fetten schwarzen Linie umrissen.

Als Künstler suche er das Leben, hat Marquet einmal gesagt; es gehe ihm nicht um eine Gebärde oder Bewegung, sei sie nun schön oder hässlich, sondern um Authentizität. So zeigt er sein Modell gerade nicht in einer Pose, die einem Schönheitskanon entnommen ist, sondern vertieft in die Lektüre einer Zeitschrift, als würde sie die Anwesenheit des Malers (und des Betrachters) gar nicht bemerken.

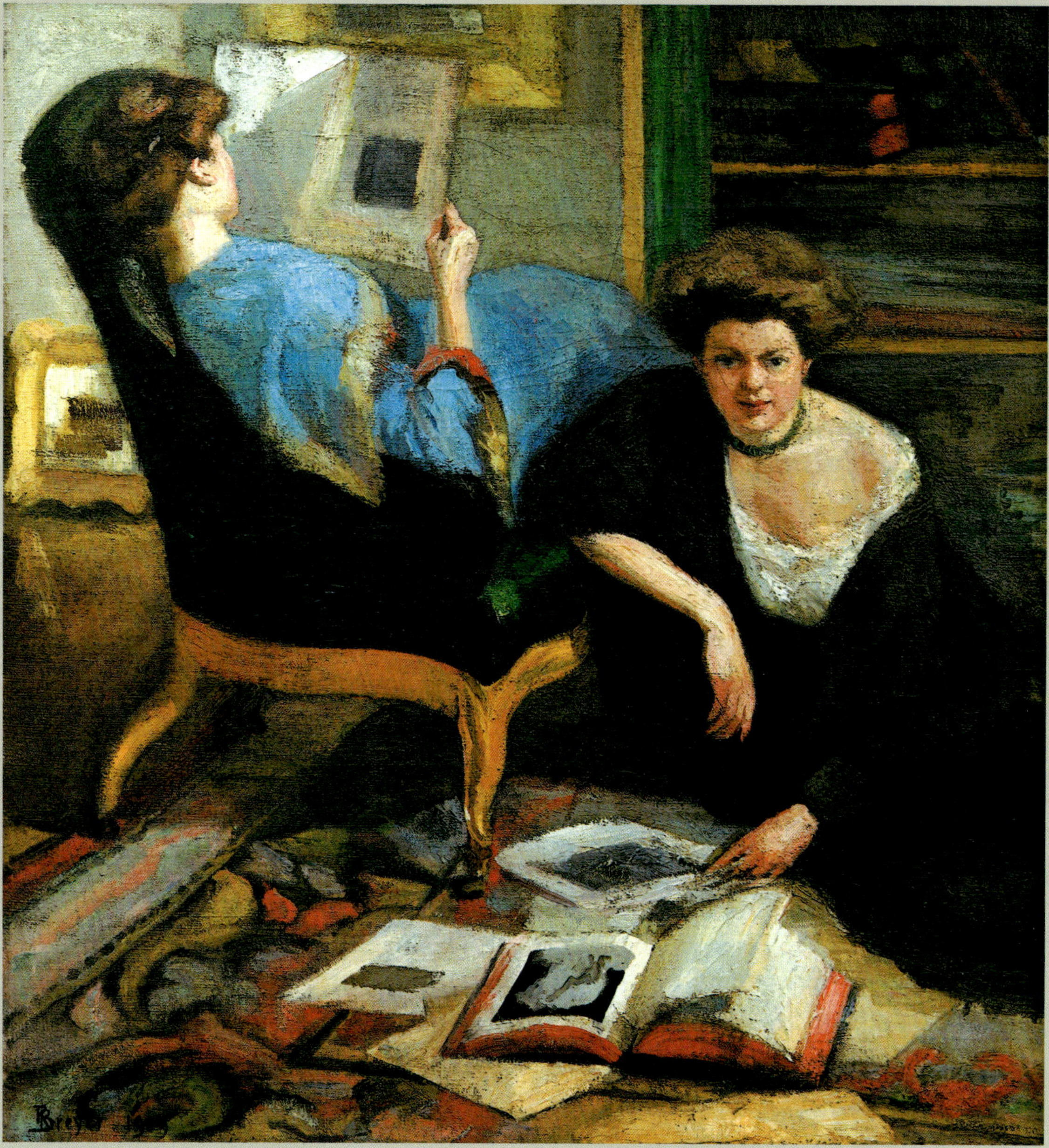

Robert Breyer, 1866–1941

Lesende, 1909, Privatbesitz

Robert Breyer

Ursprünglich als Breitformat gemalt, wurde das Bild auf seiner rechten Seite später erheblich beschnitten und konzentriert sich jetzt ganz auf die beiden modisch gekleideten und frisierten Frauen. Obwohl sie nicht direkt miteinander kommunizieren, sind beide mit demselben befasst. Ihre Zusammengehörigkeit wird auch dadurch herausgestellt, dass ihre aneinandergrenzenden Gestalten eine wellenförmig geschwungene Diagonale vom oberen linken zum unteren rechten Bildrand bilden.

Während die Frau im blauen Kleid schräg, beinahe vollständig abgewandt im Sessel sitzt, ihre Beine entspannt über die Lehne baumeln lässt und sich dabei auf ihre Lektüre konzentriert, hat es sich ihre Freundin auf dem Boden bequem gemacht; dem Betrachter zugewandt, blättert sie in Büchern und Zeitschriften, die auf dem Teppich verstreut sind. Die beiden typischen Lesehaltungen auf Gemälden – Versunkenheit in die Lektüre, abgewendet vom Betrachter, oder Hinwendung zu diesem beim Aufblicken von der Lektüre – sind hier, auf zwei Frauen aufgeteilt, harmonisch in einem Bild vereint. Es strahlt Ausgeglichenheit und Ausgewogenheit aus; seine Stimmung ist geprägt von Vertrauen und Geborgenheit.

Édouard Vuillard

Insbesondere Vuillards frühe, noch in den Neunzigerjahren des 19. Jahrhunderts entstandenen Interieurszenen hinterlassen den Eindruck, als sei er als Maler angetreten, die berühmte programmatische Formulierung seines Mitschülers und Berufskollegen Maurice Denis zu bestätigen, »dass ein Bild, bevor es ein Streitross, eine nackte Frau oder eine beliebige Anekdote wird, seinem Wesen nach eine ebene, in einer bestimmten Anordnung mit Farben bedeckte Fläche ist«. Später, wie in diesem Bild aus den 1920er-Jahren, wird Vuillard die Radikalität der Auflösung von Räumlichkeit und Perspektive wieder zurücknehmen: Nun werden die Ecken nicht mehr verschliffen, die Gegenstände im Raum wieder ausgemalt; die Nivellierung von Raum, Menschen und Dingen in einer ornamentalen Lebenshülle wird bis zu einem gewissen Grad aufgegeben.

Noch immer aber ist es das Interieur, in dem sich Vuillards Malerei bewegt. Doch haben die Enge und Beklemmung der frühen Darstellungen einer gewissen Weiträumigkeit und Luftigkeit Platz gemacht, und mit ihnen ist auch das Gefängnis der Nähe ohne Ausweg zerbrochen. In dieser gleichmäßig ausgeleuchteten Bibliothek scheint eine Beziehung unter den Anwesenden möglich zu sein, die den Raum mit den Schwingungen menschlicher Lebendigkeit erfüllt. Das in der Tür lehnende Mädchen hat mit ihrer Anwesenheit auch den Raum zum angrenzenden Zimmer hin geöffnet. Trotzdem ist die Intimität der Situation gewahrt. Wie viele seiner Zeitgenossen macht Vuillard uns klar, dass im Innenleben und der Intimität das Unheimliche und der Schrecken lauern können.

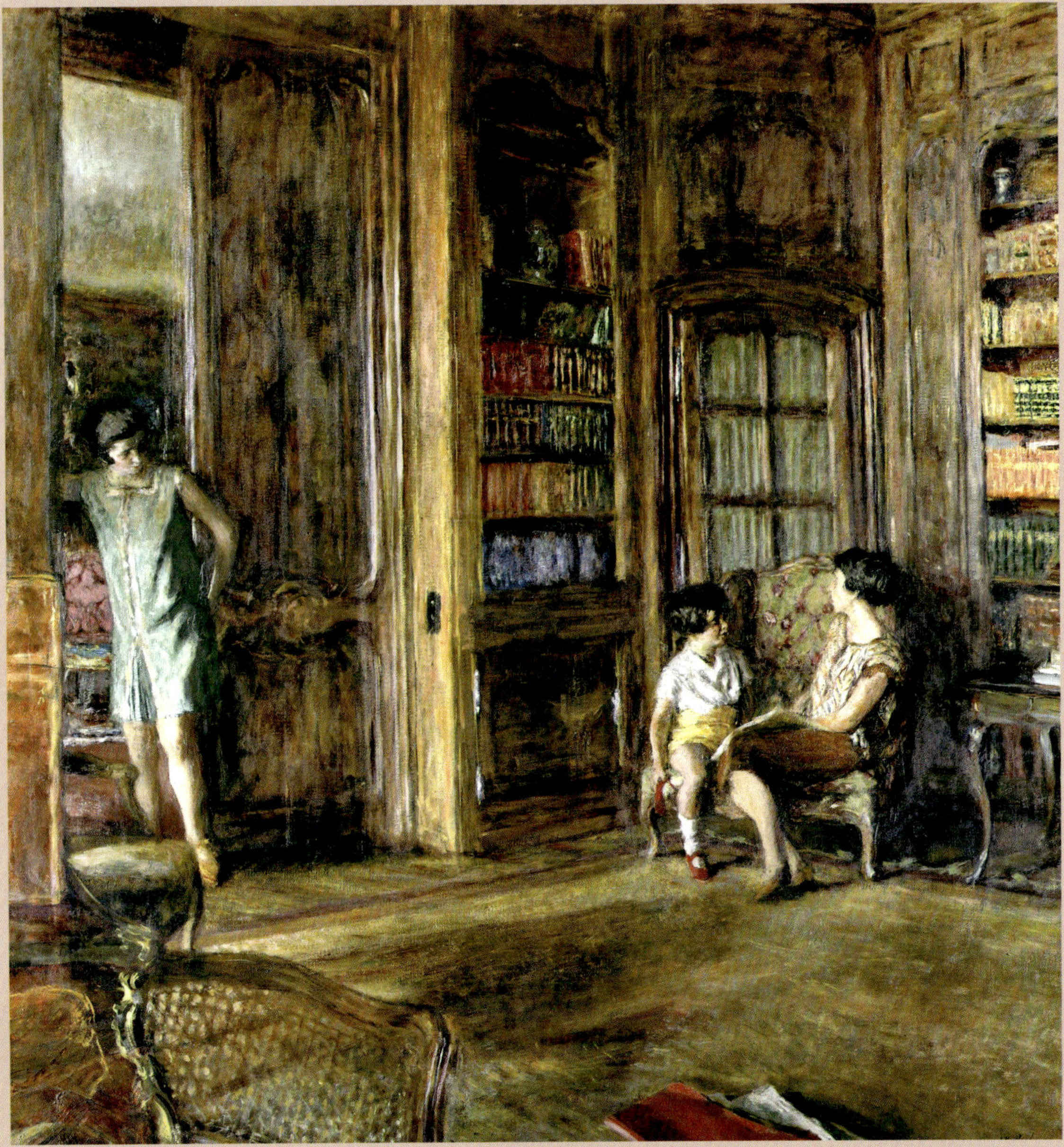

Édouard Vuillard, 1868 – 1940

In der Bibliothek, 1925, Privatbesitz

Félix Vallotton

Ist für Vuillard das Interieur Heim und Arbeitsort, so für seinen Malerfreund aus der Nabis-Gruppe, den gebürtigen Genfer Félix Vallotton, eine Bühne menschlicher Leidenschaften und Leiden. Hier werden die unerbittlichen Kämpfe zwischen den Geschlechtern ausgetragen, die sich noch in der Welt der Gegenstände bekunden, die den Innenraum möblieren.

Das alles fehlt in »Leserin mit gelber Kette«; die Psychokulisse ist abgebaut und die Bedrängnis der gelassenen Betrachtung eines Buches mit Bildern weiträumiger Landschaften gewichen. Mag auch die Szenerie noch Rudimente einer Bühnensituation aufweisen – für einen Moment zumindest ist Ruhe eingekehrt und hat das harmonische Dreieck aus Blick, Armen und Buch über die Tragikomödie der menschlichen Beziehungen gesiegt. Valloton zeigt uns eine verschmitzt lächelnde Frau, die in sich selbst zu ruhen scheint.

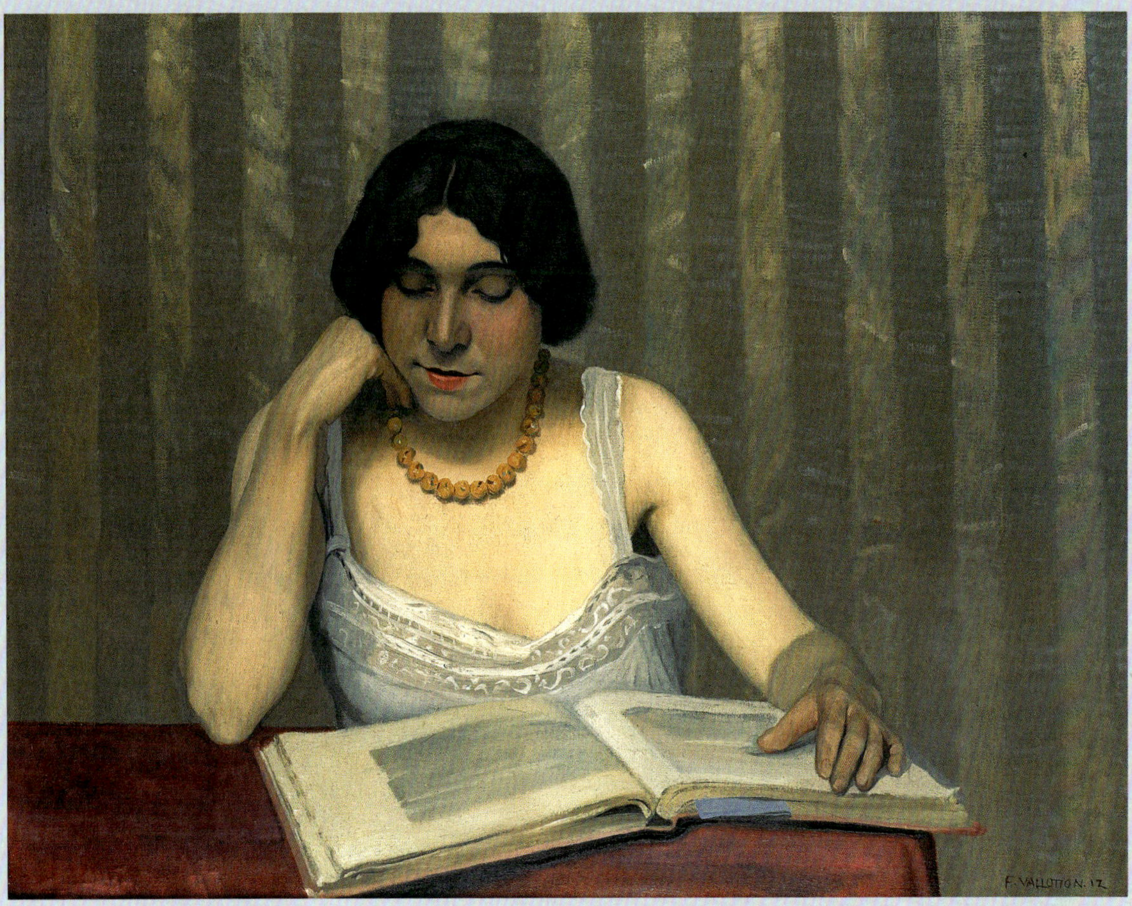

Félix Vallotton, 1865 – 1925

Leserin mit gelber Kette, 1912, Privatbesitz

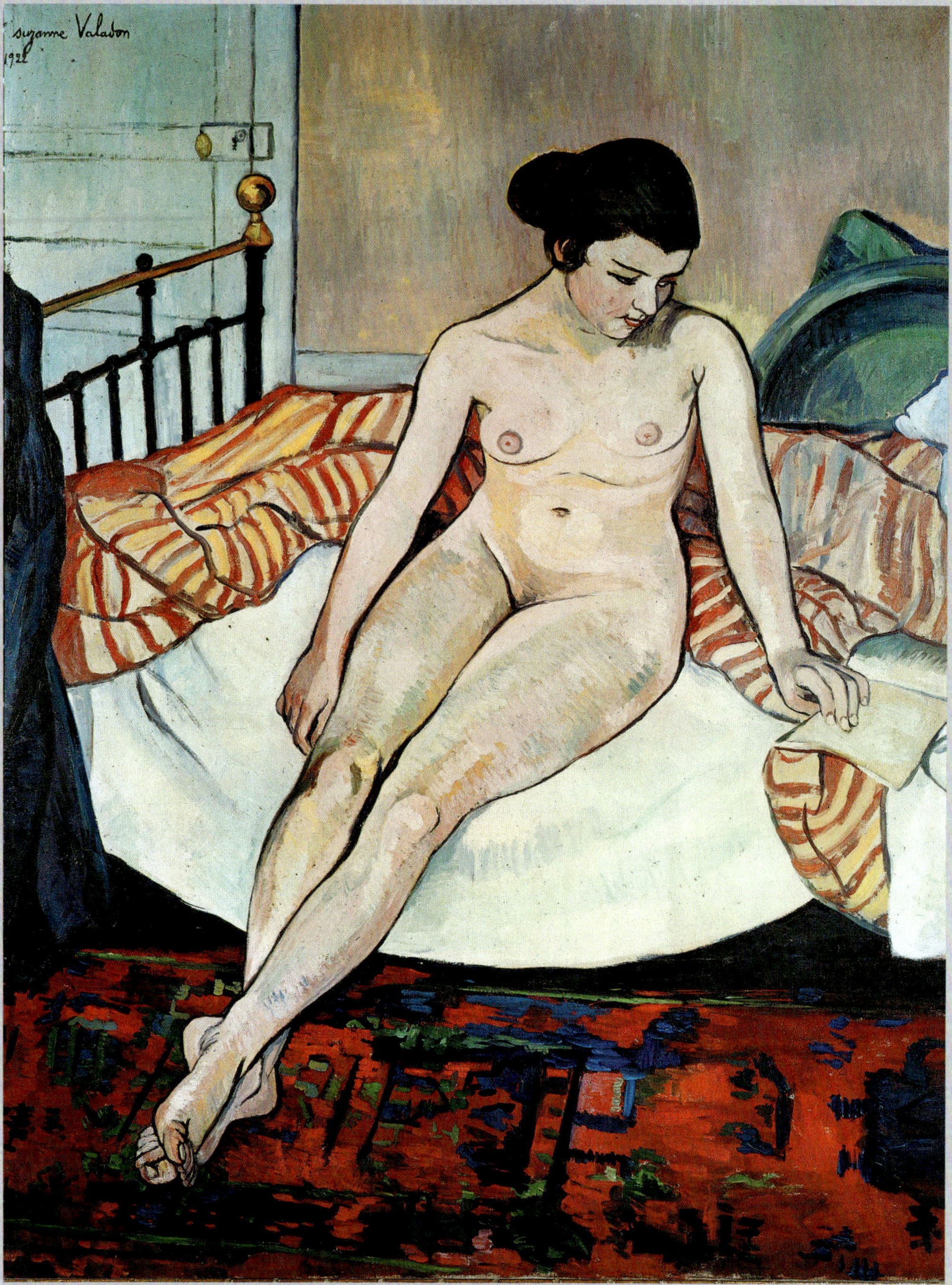

Suzanne Valadon, 1867–1938

Weiblicher Akt, 1922, Musée d'Art Moderne de la Ville, Paris

Suzanne Valadon

Marie-Clémentine Valadon, genannt Suzanne, kam von der Tätigkeit als Modell, beispielsweise für Renoir und Toulouse-Lautrec, zur Malerei. Die Autodidaktin hat den weiblichen Akt endgültig von der falschen Aura der Salonmalerei befreit und den Katalog der Posen durch eine gemalte Nacktheit ersetzt, die so naturalistisch wie expressiv ist. Valadon gibt den künstlerischen Zugriff auf den weiblichen Körper nicht auf, befreit ihn aber von dem Doppelspiel aus Erhöhung und Erniedrigung der konventionellen Aktmalerei. Ihre Bilder verleihen dem weiblichen Körper eine eigene Präsenz und Ausstrahlung, ohne sich auf einen gängigen Schönheitskanon oder das Moment der Erotik zu beziehen. 1931 malt die mittlerweile 66-jährige Malerin ein Altersbildnis von sich selbst mit nackten Brüsten – zu dieser Zeit ein absolutes Novum.

Die Frau auf unserem Bild hat die Bettdecke zurückgeschlagen und sich auf das Laken gesetzt. Am Bettpfosten hängt die abgelegte Garderobe. Entspannt blättert sie in einem Heft. Vielleicht wartet sie in einem Hotelzimmer auf einen Liebhaber. Anders als die häufig gezeigten Motive wartender Reisender des Künstlers Edward Hopper vermittelt sie jedoch den Eindruck, hier ein, und sei es nur sehr vorübergehendes, Obdach zu haben. Das Bettzeug, dessen Farben die ihrer Haut aufnehmen, und der rote Teppich zu ihren Füßen rahmen den nackten Körper ein und geben ihm Schutz und Halt.

Gwen John

Gwen John war eine der großen englischen Malerinnen des 20. Jahrhunderts. Den Titel »The Convalescent«, die Genesende, verwendete sie selbst für ihr Bild; es ist eines aus einer Serie von zehn Gemälden, die um 1920 entstanden sind und in obsessiver Wiederholung immer das gleiche Motiv der lesenden Rekonvaleszentin zeigen, die manchmal statt des Briefes auch ein Buch in den Händen hält. Diese Fassung hat Gwen John wohl für Isabel Browser, eine enge Freundin, gemalt, die sich zu der Zeit im Krankenhaus befand. Wir sehen eine sehr schwach anmutende junge Frau, die müde wirkt und gleichzeitig entschlossen. Gwen John kommt es weniger auf die äußere Erscheinung der Frau als auf ihre intensive Präsenz an. Der zögerliche Stil deutet darauf hin, dass sich die Malerin wie ihre Figur in einem Zustand der Erschöpfung befindet – als bedürfte es eines außergewöhnlichen Kraftaufwandes, um sich vor der Gefahr des Scheiterns in Sicherheit zu bringen.

In der Neurasthenie, einer Erschöpfungsreaktion, die mit einer Überempfindlichkeit der Sinnesorgane, nervöser Reizbarkeit und gesteigerter Selbstaufmerksamkeit einhergeht, sahen viele Zeitgenossen Gwen Johns einen Empfindungszustand, welcher der modernen Zeit und ihrer Kunst gleichermaßen entspricht. Der Schriftsteller Marcel Proust ging davon aus, dass in solchen Fällen das Lesen helfen und die Rolle einnehmen könnte, die ansonsten der Nervenarzt spielt. Der Kranke bedarf eines Antriebs von außen, doch muss sich dieses Eingreifen zugleich in ihm selbst vollziehen. Das aber, so Proust, ist genau die Definition des Lesens, und nur des Lesens. Es wirkt so als Heilmittel, das uns in Phasen der Erschöpfung Geisteskraft und Willensstärke zurückgibt.

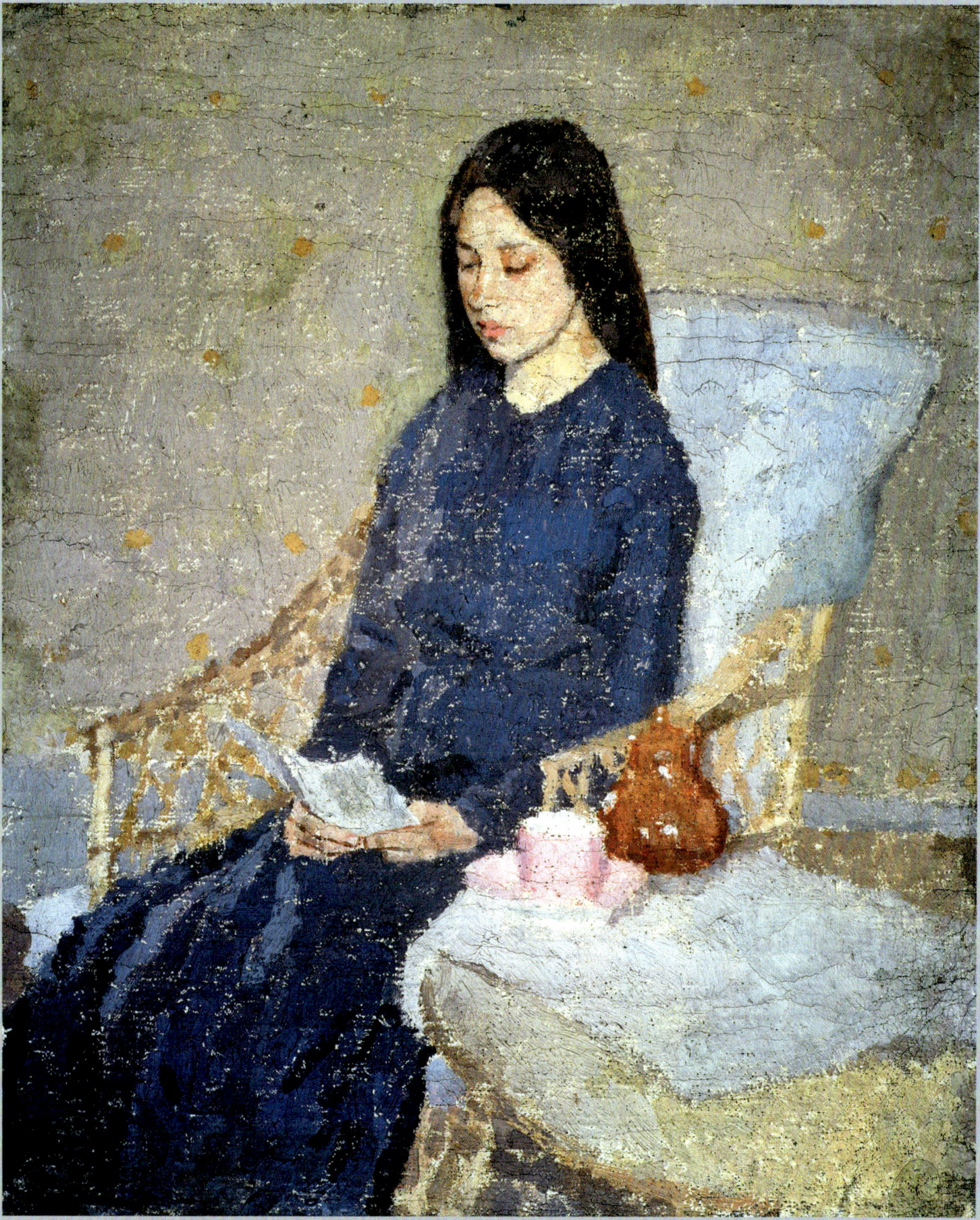

Gwen John, 1876–1939

The Convalescent, 1923/24, Fitzwilliam Museum, University of Cambridge

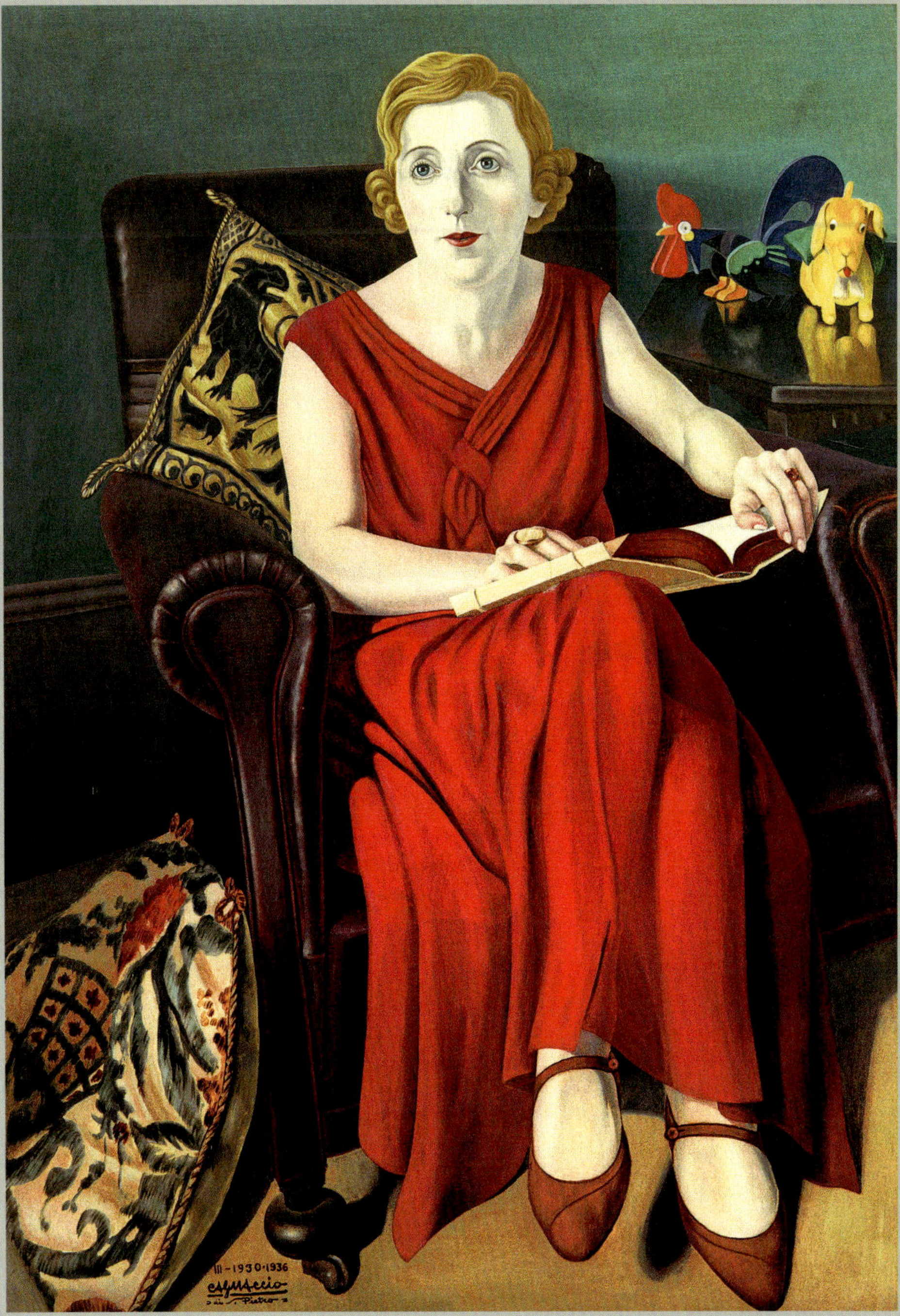

Cagnaccio di San Pietro, eigentl. Natalino Bentivoglio Scarpa, 1897–1946

Bildnis der Signora Vighi, 1930/36, Privatbesitz

Cagnaccio di San Pietro

Cagnaccio (zu Deutsch »Kläffer«) di San Pietro war der Künstlername von Natalino Bentivoglio Scarpa. Nachdem er sich Anfang der Zwanzigerjahre vom Futurismus gelöst hatte, zielte seine Malerei auf Objektivität im Sinne der Neuen Sachlichkeit ab. Einflüsse von Otto Dix und insbesondere Christian Schad, den er wohl auch persönlich kannte, sind unverkennbar.

Das kühle und distanzierte Bildnis der Frau des venezianischen Anwalts Vighi zeigt sie eingesperrt in ihrem bürgerlichen Salon. Die Nippesfiguren auf dem Tischchen künden von einer Lust am Kindlichen; vermutlich deuten sie auf eine amouröse Beziehung zwischen dem Hündchen – dem Maler namens Kläffer – und der Anwaltsgattin hin, deren rote Kleiderfarbe in Kamm und Kehllappen des Gockels wiederkehren. Wahrscheinlich meint der Hahn den Ehemann; den Ausdruck Hahnrei (»becco«) gibt es auch im Italienischen.

Das Kindliche der Figuren wiederholt sich im Gesicht der Frau, in dem sich ein Ausdruck des Erstaunens, wie wir ihn von Kinderbildern kennen, mit großer Schwermut mischt. Das Bild spricht von der schmerzlichen Erfahrung des Sich-überlebt-Habens: Kind einer Zeit geblieben zu sein, die längst passé ist und ohne dass noch die Chance einer Regeneration bestünde. Selbst das Lesen scheint hier seine heilende Antriebskraft verloren zu haben.

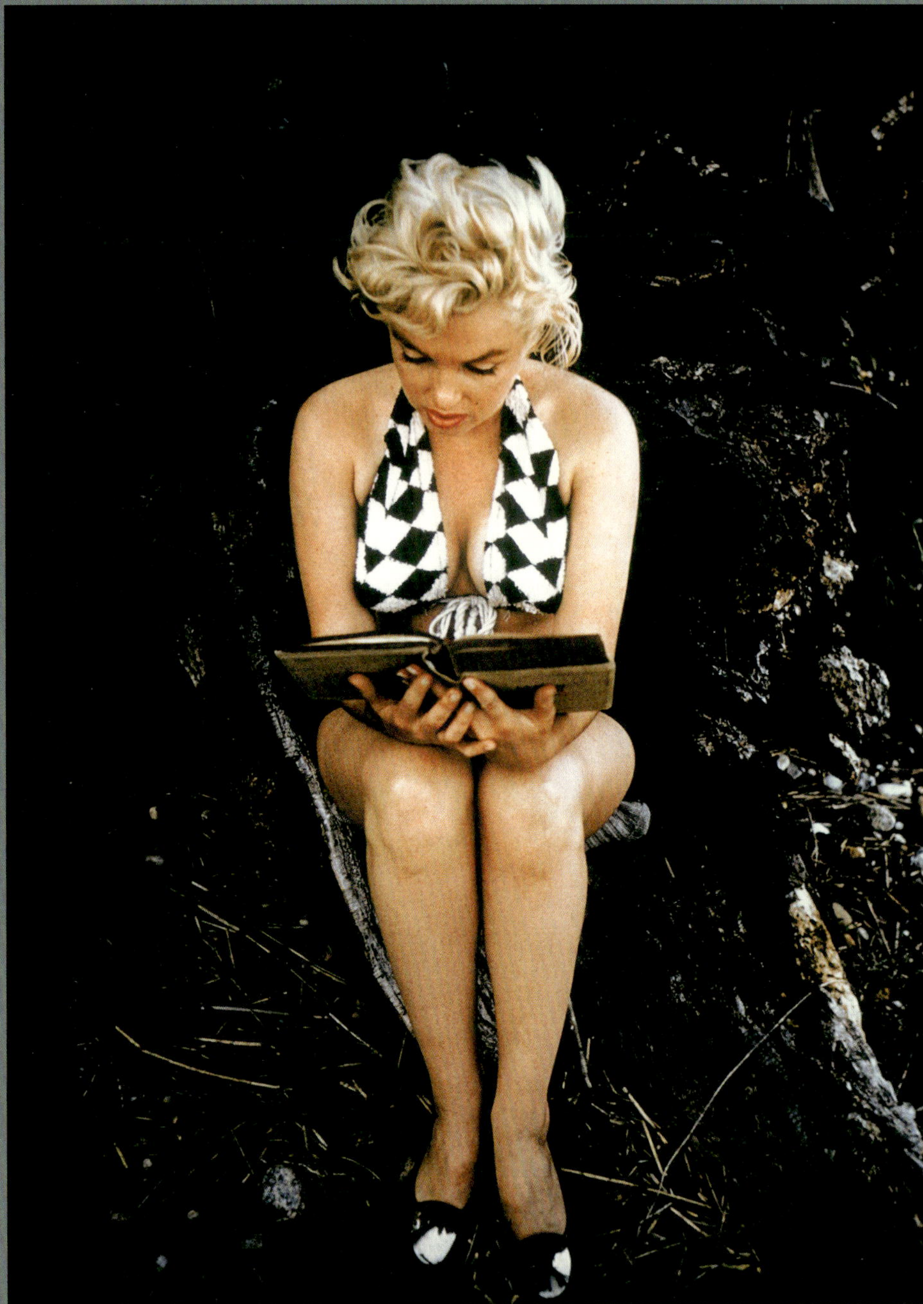

Eve Arnold, 1912–2012

Marilyn Monroe liest »Ulysses«, 1955, Magnum Photos

Eve Arnold

Die Frage »Hat sie oder hat sie nicht?« konnte schwerlich unterbleiben. Hat Marilyn Monroe, die blonde Sex-Ikone des 20. Jahrhunderts, den »Ulysses« von James Joyce, die Ikone der Hochkultur des 20. Jahrhunderts, das Buch, das viele für die größte Schöpfung unter den modernen Romanen halten, nun gelesen oder nur so getan? Denn wie aus anderen Bildern der gleichen Fotosession zweifelsfrei hervorgeht, ist es dieses Buch, in dem Marilyn hier liest.

Literaturprofessor Richard Brown wollte es wissen. Und schrieb dreißig Jahre nach der Fotosession an die Fotografin, die es eigentlich wissen musste. Eve Arnold antwortete prompt, sie habe Marilyn damals bereits im »Ulysses« lesend angetroffen. Marilyn habe gesagt, dass sie den Ton des Buches möge; sie würde es laut lesen, um es besser zu verstehen, aber es sei harte Arbeit. Als sie dann an dem besagten Platz anhielten, um, wie verabredet, die Fotos zu machen, las Marilyn im »Ulysses«, während Eve Arnold den Film einlegte. Und auf diese Weise habe sie sie fotografiert. Wir brauchen Literaturprofessor Browns Fantasien nicht zu folgen, Marilyn habe seinerzeit ihre Lektüre des »Ulysses« fortgesetzt, sich an einem College eingeschrieben und sei mit der Joyce- Forschung in Kontakt gekommen. Woraufhin sie ihr Leben als Filmstar und Model aufgegeben habe und heute als College- Lehrerin im Ruhestand auf eine aufregende Jugendzeit zurückblicke.

Folgen können wir Literaturprofessor Brown allerdings in seiner Empfehlung, den »Ulysses« so zu lesen, wie Marilyn es vorgemacht habe: nicht hintereinander und von vorne nach hinten, sondern episodisch, indem wir von Zeit zu Zeit das Buch an unterschiedlichen Stellen aufschlagen und kleine Lesestrecken zurücklegen. Wir könnten diese unordentliche Art des Lesens gerne auch die Marilyn- Methode nennen. Professor Brown empfiehlt sie jedenfalls seinen Studenten.

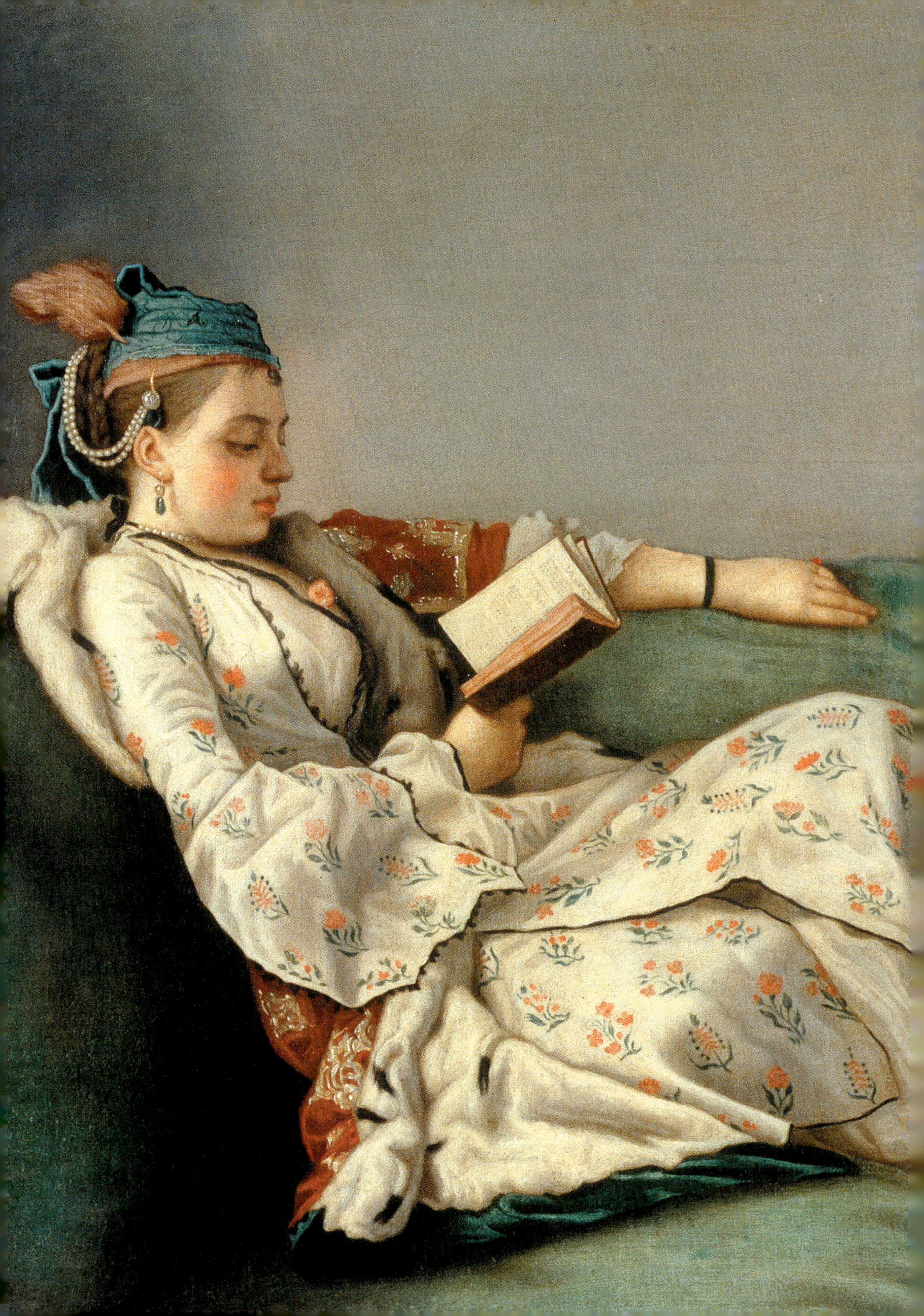

Literaturhinweise

Beyer, Andreas: »Das Porträt in der Malerei«, München 2002

Bollmann, Stefan: »Frauen und Bücher. Eine Leidenschaft mit Folgen«, München 2013

Bollmann, Stefan: »Warum Lesen glücklich macht«, Berlin 2013

Darnton, Robert: The Forbidden Best-Sellers of Prerevolutionary France, New York 1995

Enzensberger, Hans-Magnus: »Bescheidener Vorschlag zum Schutz der Jugend vor der Poesie«, in: »Mittelmaß und Wahn«, Frankfurt a. M. 1988

»Geschichte des privaten Lebens«, hg. von Philippe Ariès und Georges Duby, Frankfurt a. M. 1991

»Innenleben. Die Kunst des Interieurs. Vermeer bis Kabakov«, hg. von Sabine Schulze, Städelsches Kunstinstitut und Städtische Galerie Frankfurt a. M. 1998

»Der intime Blick. Bilder von Stille und Nähe«, Schlossmuseum Murnau 2014

Lee, Hermione: »Virginia Woolf. Ein Leben«, Frankfurt a. M. 1999

»Leselust. Niederländische Malerei von Rembrandt bis Vermeer«, hg. von Sabine Schulze, Schirn Kunsthalle Frankfurt a. M. 1993

»Lust, allen alles zu sein. Deutsche Modelektüre um 1800«, hg. von Olaf Reincke, Leipzig 1989

Manguel, Alberto: »Eine Geschichte des Lesens«, Berlin 1998

Proust, Marcel: »Tage des Lesens«, Frankfurt a. M. 1978

Schneider, Ulrich Johannes: »Der Finger im Buch. Die unterbrochene Lektüre im Bild«, Bern/Wien 2020.

Sternberger, Dolf: »Panorama oder Ansichten vom 19. Jahrhundert«, Frankfurt a. M. 1974

»Warum lesen? Ein Spielzeug zum Lesen«, hg. von Christiaan L. Hart Nibbrig, Frankfurt a. M. 1983

»Die Welt des Lesens. Von der Schriftrolle zum Bildschirm«, hg. von Roger Chartier u. Guglielmo Cavallo, Frankfurt a. M. u. New York 1999

Woolf, Virginia: »Frauen und Literatur. Essays«, Frankfurt a. M. 1989

Woolf, Virginia: »Der gewöhnliche Leser. Essays«, Bd. 1: Frankfurt a.M. 1989, Bd. 2: ebd. 1990

Wuthenow, Ralph-Rainer: »Im Buch die Bücher oder Der Held als Leser«, Frankfurt a. M. 1980

Bildverzeichnis

Seite 74
J.-É. Liotard, Madame Adélaïde, 1753, Uffizien, Florenz | akg-images/Erich Lessing
Seite 76
Louise-Élisabeth Vigée-Le Brun, Die Vicomtesse de Vaudreuil, 1785 | J. Paul Getty Museum, Los Angeles
Seite 78
F. Eybl, Lesendes Mädchen (Detail), 1850, Österreichische Galerie im Belvedere, Wien | akg-images
Seite 81
F. Eybl, Lesendes Mädchen, 1850, Österreichische Galerie im Belvedere, Wien | akg-images
Seite 83
G. A. Hennig, Lesendes Mädchen, 1828, Museum der Bildenden Künste, Leipzig | akg-images
Seite 84
C. C. C. Hansen, Die Schwestern des Künstlers, 1826 | Statens Museum for Kunst, Kopenhagen/SMK Foto
Seite 87
L. Alma-Tadema, Unsere Ecke (Porträt von Anna und Laurense Alma-Tadema), 1873, Rijksmuseum, Amsterdam | Bridgeman Images
Seite 88
A. Feuerbach, Paolo und Francesca, 1864, Schack-Galerie, München | Artothek/Joachim Blauel
Seite 90
J. J. Tissot, Stille (Detail), undatiert, Privatbesitz | Artothek
Seite 92
E. Burne-Jones, Porträt von Katie Lewis, 1886, Mallett Gallery, London | Bridgeman Images
Seite 95
R. Casas y Carbó, Jove decadent (després del ball), 1895, Museo dela Abadia, Montserrat, Katalonien | akg-images
Seite 96
J.-J. Henner, Die Lesende, um 1880/1890, Musée d'Orsay, Paris | Artothek/Peter Willi
Seite 99
E. Manet, Die Lektüre, 1868, Musée d'Orsay, Paris | akg-images/Erich Lessing
Seite 100
J. J. Tissot, Stille, undatiert, Privatbesitz | Artothek
Seite 102
J. A. McNeill Whistler, Reading by Lamplight, 1858, Fine Art Society, London | Bridgeman Images
Seite 105
C. B. Barber, Lesendes Mädchen mit Mops, 1879, Privatbesitz | Sotheby's/akg-images
Seite 106
L. Corinth, Lesendes Mädchen, 1888, Privatbesitz | Christie's/Artothek
Seite 108
T. Roussel, Lesendes Mädchen, 1886/87, Tate Gallery, London | akg-images
Seite 110
J. M. Cameron, Alice Liddell, 1870, Julia Margaret Cameron Trust, Freshwater Bay, Isle Of Wight
Seite 113
V. van Gogh, L'Arlésienne (Madame Ginoux), 1888, Metropolitan Museum of Art, New York | akg-images
Seite 114
P. S. Krøyer, Rosengarten (Die Frau des Malers im Garten in Skagen), 1893, The Fine Art Society, London | Bridgeman Images
Seite 117
V. M. Corcos, Sogni (Träume), 1896, Galleria Nazionale d'Arte Moderna, Rom | akg-images
Seite 119
Ottilie Wilhelmine Roederstein, Bildnis Dr. Elisabeth Winterhalter, 1887–1888 | Städel Museum, Frankfurt am Main
Seite 120
V. Hammershøi, Interieur mit lesender Frau, Strandgade 30 (Detail), 1899, Privatbesitz | Christie's/Artothek
Seite 123
J. M. King, The Magic Grammar, um 1900
Seite 124
H. Vogeler, Martha Vogeler, um 1905
Seite 126
C. Larsson, Karin lesend, 1904 | Zornsamlingarna/Lars Berglund
Seite 129
V. Hammershøi, Interieur mit lesender Frau, Strandgade 30, 1899, Privatbesitz | Christie's/Artothek
Seite 130
A. Marquet, Stehender weiblicher Akt, 1910, Privatbesitz | akg-images
Seite 132
R. Breyer, Lesende, 1909, Privatbesitz | akg-images
Seite 135
E. Vuillard, In der Bibliothek, 1925, Privatbesitz | Sotheby's/akg-images
Seite 137
F. Vallotton, Leserin mit gelber Kette, 1912, Privatbesitz | Artothek
Seite 138
S. Valadon, Weiblicher Akt,

1922, Musée d'Art Moderne de la Ville, Paris | akg-images/Erich Lessing
Seite 141
G. John, The Convalescent, 1923/24, Fitzwilliam Museum, University of Cambridge | Bridgeman Images
Seite 142
Cagnaccio di San Pietro, Bildnis der Signora Vighi, 1930/36, Privatbesitz | akg-images
Seite 144
E. Arnold, Marilyn Monroe liest »Ulysses«, 1955 | Eve Arnold/ Magnum Photos/Agentur Focus, Hamburg
Seite 146
J.-É. Liotard, Madame Adélaïde (Detail), 1753, Uffizien, Florenz | akg-images/Erich Lessing
Nachsatzpapier/Seite V/VI
P. S. Krøyer, Rosengarten (Die Frau des Malers im Garten in Skagen), 1893, The Fine Art Society, London | Bridgeman Images

Register

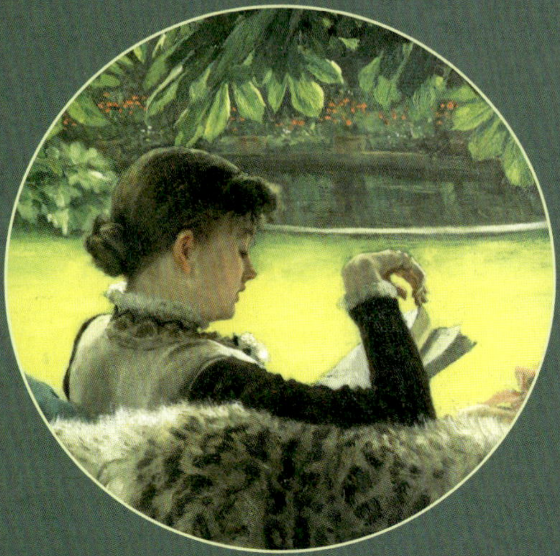

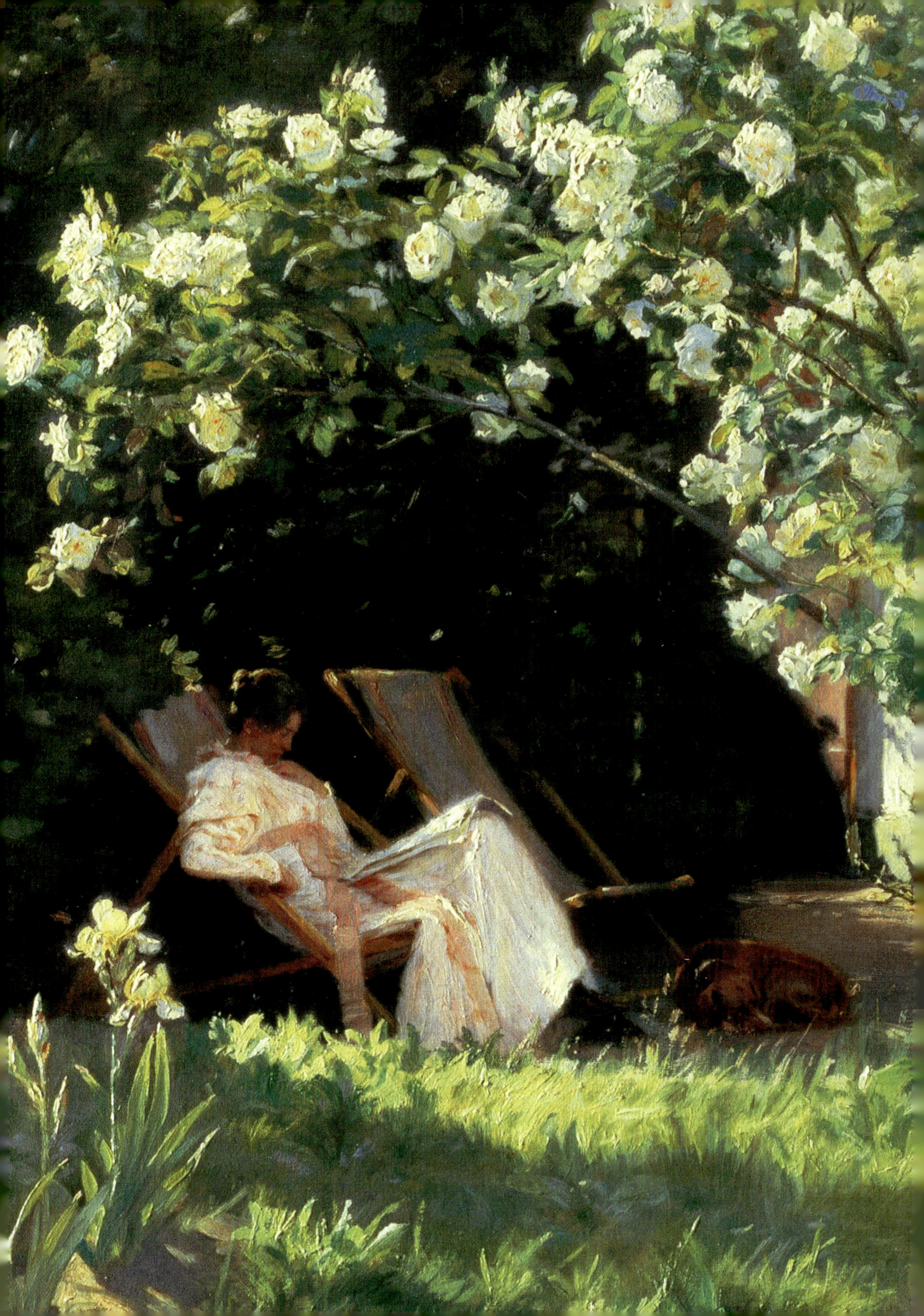